Mit Krippenkindern durch das Jahr!

15 kleine Projekte für Kinder unter 3

Eva Danner | Beate Vogel

Verlag an der Ruhr

Impressum

Titel
Mit Krippenkindern durch das Jahr!
15 kleine Projekte für Kinder unter 3

Autorinnen
Eva Danner, Beate Vogel

Titelbildmotiv
Foto: Eva Danner, Beate Vogel
Hintergrundmotiv: Fotolia.com

Fotos
Eva Danner, Beate Vogel

Verlag an der Ruhr
Mülheim an der Ruhr
www.verlagruhr.de

Geeignet für Kinder von 1 – 3 Jahren

Unser Beitrag zum Umweltschutz
Wir sind seit 2008 ein ÖKOPROFIT®-Betrieb und setzen uns damit aktiv für den Umweltschutz ein. Das ÖKOPROFIT®-Projekt unterstützt Betriebe dabei, die Umwelt durch nachhaltiges Wirtschaften zu entlasten. Unsere Produkte sind grundsätzlich auf chlorfrei gebleichtes und nach Umweltschutzstandards zertifiziertes Papier gedruckt.

ISBN 978-3-8346-0718-8

Printed in Germany

Inhalt

Ein paar Worte vorab …

Liebe Leserinnen und Leser,

Kinder unter 3 Jahren sind kleine, individuelle Persönlichkeiten, die sich auf den Weg machen, ihre Umwelt zu erkunden. Sie sind neugierig, selbstbewusst und mutig und wollen die „Dinge" in der Welt mit allen Sinnen begreifen und entdecken. Dazu benötigen sie Zeit, Raum, Impulse und Anregungen. Schaffen wir ihnen eine sichere Umgebung, in der sie sich frei entfalten können. Mit vertrauten Bezugspersonen, die ihnen wertschätzend zur Seite stehen, können sie ihr Potenzial nutzen und sich furchtlos auf Neues einlassen. **„Das kann ich schon alleine!"** – wie oft haben wir diese fünf Wörter schon gehört. Und genau diese Motivation gilt es, zu nutzen!

Die Projekte in diesem Buch sind **speziell für die Altersgruppe der 2- bis 3-Jährigen konzipiert** und auf deren Bedürfnisse abgestimmt. Einfache und nachvollziehbare Themen, die an die Lebens- und Erfahrungswelt der Kinder anknüpfen, ermöglichen neue Erfahrungen. Die einzelnen Angebote bieten vielfältige Anregungen **für das ganze Jahr**. So können Sie den Jahreskreislauf gemeinsam mit den Kleinsten erleben und sowohl situative Impulse der Kinder als auch saisonal bedingte Themen aufgreifen. Alle Inhalte lassen sich **ohne große Vorbereitung** in den gemeinsamen Alltag integrieren und halten vielerlei sinnliche Erfahrungen für die Kleinen bereit.

Ganzheitlichkeit – dies ist der Schlüssel zu lustvollem und nachhaltigem Lernen. Aus diesem Grund werden die Sinne der Kinder in den einzelnen Angeboten auf vielfältige Weise angeregt und gefördert.
Alle Projekte enthalten **5 Angebote zu dem jeweiligen Thema:** Eine kurze **Geschichte** eignet sich gut als Einstieg, kann aber auch einfach zwischendurch vorgelesen oder frei nacherzählt werden. Die Kleinen lieben es, wenn Erzählungen lebendig werden, weshalb alle Geschichten mit Materialangaben versehen sind. Mit den dort aufgelisteten Gegenständen können Sie die Kurzgeschichten dann begleiten. Diese optische Unterstützung hilft den Kleinen dabei, den Handlungsabläufen besser folgen zu können. Ein kindliches Bedürfnis ist es, Sprache und Bewegung miteinander zu verbinden. Deshalb sind **Fingerspiele** Bestandteil eines jeden Projekts. Die leicht verständlichen Texte und Bewegungsanregungen verbessern zudem die Sprachentwicklung und Feinmotorik der Kinder. Kurze **Lieder** mit einfachen Texten und bekannten Melodien laden zum Mitsingen ein und fördern die Musikalität. In fantasievollen **Kreativideen** können die kleinen Künstler neue Materialien und Techniken ausprobieren und kreativ tätig sein. Ausgangspunkt sind einfache geometrische Formen aus Papier, die Sie vorbereiten. Die Kleinen können diese dann ab- bzw. durchschneiden und aufkleben und gestalten auf diese Weise die einzelnen Angebote. **Aktionsreiche Bewegungsimpulse** oder alternativ eine **Sachbetrachtung bzw. Sinneserfahrung** runden die Projekte ab. Die Kinder haben hier die Möglichkeit, Freude an körperlicher Aktivität zu empfinden sowie ihre Koordination und ihr Körpergefühl zu verbessern. Auch nehmen sie Naturmaterialien ganz genau in den Blick, experimentieren und spielen damit oder kochen gemeinsam ein leckeres Essen.

Dieses Buch möchte **Anregungen** geben, lässt Ihnen aber auch die Möglichkeit, **eigene Ideen** einzubinden. Alle Themen und Vorschläge wurden bereits mehrfach **in der Praxis erprobt** und sollen dazu ermutigen, Neues zu wagen und sich gemeinsam mit den Kleinsten auf den Weg zu machen, die Welt zu erkunden. Denn wenn Sie in die strahlenden Augen der Kinder schauen, die offen, interessiert und wissbegierig alles in sich aufsaugen, bekommen Sie sicher Lust auf jedes neue Thema, das es auf so vielerlei Weise zu entdecken gilt …
Dabei wünschen wir Ihnen und Ihren Kindern viel Freude!

Eva Danner &
Beate Vogel

Zauberhafte Zauberwelt

„Hokus, Pokus, 1, 2, 3 – Grün entsteht durch Zauberei!" erleben

Unsere Welt ist ein Reich aus Farben und Magie. Überall um uns herum können wir wundervolle und zauberhafte Dinge sehen, geht man mit offenen Augen und Ohren durch das Leben. Oft stecken in Kleinigkeiten, im Unscheinbaren wundersame Erfahrungen, die nur darauf warten, dass die Kinder sie entdecken. Mit Fantasie und Neugier können die Kleinen neue Erfahrungen sammeln und mit allen Sinnen eintauchen in eine Welt der Zauberei und Magie.

Im folgenden Kapitel beschäftigen wir uns mit solchen Traumwelten. Zauberhafte Momente werden den Kindern nicht nur zur Faschingszeit viel Freude bereiten. Vielfältige Anregungen zum Zaubern und Verzaubernlassen beinhalten die folgenden Seiten.

Eine magische Geschichte lädt zum Zuhören und Staunen ein.

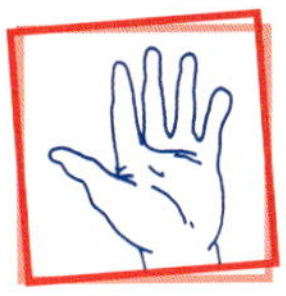

In einem zauberhaften Fingerspiel werden die Kinder selbst zu kleinen Zauberern. Sie sprechen dabei immer wieder einen Zauberspruch nach und machen mit den Fingern geheimnisvolle Bewegungen dazu. Das fördert die Sprachentwicklung und Feinmotorik.

Mit einfachen Mitteln können die Kinder selbst einen kleinen Zauberer gestalten. Das fördert ihre Fantasie und die feinmotorischen Fähigkeiten.

Die Kinder können selbst zu kleinen Zauberlehrlingen werden, wenn sie ihr eigenes Zauberwasser herstellen und dabei zusehen, wie sich klares Wasser bunt färbt oder wie gelbes Wasser plötzlich grün wird.

Die Kinder können staunen und lachen, wenn die Erzieherin zur Zauberin wird und eine Dose mit Zauberpulver wundersame Bilder malen lässt.

Und nun wünschen wir Ihnen viel Freude mit Ihren kleinen Zauberern!

Die geheimnisvolle Zauberdose

Bei dieser Geschichte können die Kinder staunen und lachen. Der kleine Zauberer lädt sie zum Zuhören und Zuschauen ein und wird ihre Augen sicher zum Strahlen bringen. Alles, was Sie für diese kleine Geschichte brauchen, finden Sie unter den Materialien zum Geschichtenspielen.

Das brauchen Sie zum Geschichtenspielen:

- eine Zwergfigur o. Ä. als **Zauberer**
- grüne Tücher/Baumfiguren aus Holz oder Papier für den **Wald**
- braune Tücher für die **Hasenhöhle**
- einen **Plüschhasen**
- ein **Taschentuch**
- eine **Dose** (oder die magische Schütteldose)
- einen Stab als **Zauberstab**
- **schwarzes Papier**
- Mehl als **Zauberpulver**

*Der kleine **Zauberer** spaziert durch den **Wald**. Plötzlich hört er ein Geräusch. „Hatschi!" „Was ist das?", fragt er sich und blickt sich suchend um. „Hatschi!", tönt es schon wieder. Da entdeckt er eine **Hasenhöhle** dicht neben sich. Der kleine Zauberer klettert vorsichtig hinein. Er will nachsehen, wer da so schrecklich niest. Es ist der Hase. Er hat Schnupfen und liegt in seinem Bett. „Hallo, kleiner **Hase**! Was ist denn mit dir los? Bist du etwa krank?", fragt der Zauberer besorgt. „Ja, ich bin erkältet!", antwortet der Hase und braucht ein **Taschentuch**. „Ich habe eine Idee!", ruft der kleine Zauberer. „Was hältst du davon, wenn ich etwas für dich zaubere? Vielleicht fühlst du dich dann ein bisschen besser. „Das ist eine tolle Idee, hatschi!", freut sich der Hase. Der Zauberer holt eine kleine **Dose** und nimmt seinen **Zauberstab** zur Hand. „Aufgepasst, es geht los!" Er lässt seinen Zauberstab ein paar Mal kreisen und hält plötzlich ein Stück **schwarzes Papier** in der Hand. „Schau her. Jetzt zeige ich dir, wie meine Zauberdose ein wunderschönes Bild malt!" „Aber eine Dose kann doch nicht malen, hatschi!", antwortet der Hase. „Meine Dose schon!", sagt der Zauberer und öffnet sie. „Was ist denn da drin?", will der Hase wissen. „**Zauberpulver**!", sagt der Zauberer. Er legt das schwarze Papier in die Dose und macht den Deckel wieder zu. Sogleich nimmt er den Zauberstab und murmelt einen Zauberspruch: „Schüttel ich die Dose wild, malt das Pulver mir ein Bild!" Dann schüttelt der Zauberer seine Dose hin und her. Der Hase sitzt in seinem Bett und schaut aufgeregt zu. Nun öffnet der Zauberer die Dose und holt das schwarze Papier heraus. „Zeig her! Zeig mir das Papier!", ruft der Hase gespannt. Als der Zauberer ihm das Papier zeigt, kann der Hase es kaum glauben: Die Dose hat tatsächlich ein Bild auf das schwarze Papier gemalt. „Das ist echte Zauberei!", jubelt er und klatscht in die Pfoten. Der kleine Zauberer lacht. „Hier, ich schenke es dir. Aber jetzt lasse ich dich noch ein bisschen schlafen, damit du schnell wieder gesund wirst! Ich komme dich morgen noch einmal besuchen!" „Vielen Dank!", sagt der Hase. „Das war eine tolle Zauberdose. Und es geht mir auch schon viel besser. Ich musste schon eine ganze Weile nicht mehr niesen!", lacht er. „Freut mich, dass es dir gefallen hat. Und wer weiß, vielleicht zeige ich dir morgen eine neue Zauberei …"*

Tipp

Noch spannender ist es für die Kinder, wenn Sie für die Geschichte statt einer herkömmlichen Dose die magische Schütteldose aus den Zaubertricks in diesem Projekt verwenden. Bereiten Sie die Dose und das schwarze Tonpapier in diesem Fall so vor, wie auf S. 10 für den Zaubertrick zum Nachmachen beschrieben.

Hokus, Pokus, 1, 2, 3

Verse sprechen …	Finger spielen …
Kommt, ihr Leut', hereinspaziert. Aufgepasst, was hier passiert!	*mit einer Hand hereinwinken*
Hokus, Pokus, 1, 2, 3, ich glaube, das ist Zauberei!	*den Spruch geheimnisvoll sprechen, dabei mit den Händen „magische" Bewegungen ausführen*
Seht ihr den Mann mit spitzem Hut? Schaut genau, was er jetzt tut.	*mit den Händen einen Hut auf dem Kopf andeuten; dann mit einer Hand die Augen beschatten*
Hokus, Pokus, 1, 2, 3, …	*siehe oben*
Erst holt er sich ein Zauberbuch, denn darin steht der Zauberspruch.	*beide Hände mit den Handinnenflächen nach oben zusammenhalten und so als Buch darstellen*
Hokus, Pokus, 1, 2, 3, …	*siehe oben*
Schwingt seinen Stab, ruft: „1, 2, 3!" Schon hüpft ein kleiner Has' herbei!	*mit einer Hand einen Zauberstab darstellen; dann beide Hände als Ohren an den Kopf halten*
Ruft: „Hokus, Pokus", ach du Schreck! Plötzlich ist der Hase weg.	*die Hände hinter dem Rücken verschwinden lassen*
Hokus, Pokus, 1, 2, 3, das war sicher Zauberei!	*siehe oben; zum Abschluss überzeugt nicken*

Kleiner Watte-Zauberer

Das brauchen Sie für den Watte-Zauberer:

- ein Wattepad
- Tonpapier (weiß, schwarz, rot, rosa)
- Glitzerpapier
- Märchenwolle
- Wasserfarbe (rot), Wasserbehälter und Pinsel
- Locher, Schere und Klebstoff

Ein magischer Zauberer

So gestalten die Kinder ihren Zauberer:

Für den Kopf:

- Die Kinder malen ein Wattepad mit roter Wasserfarbe und möglichst viel Wasser an. Auf diese Weise entsteht ein rosafarbener Kopf. Diesen lassen die Kinder trocknen und bereiten in der Zwischenzeit das Gesicht vor.

Für das Gesicht:

- Von einem weißen Tonpapierstreifen schneiden die Kinder für die Augen zwei Stücke ab und kleben jeweils einen schwarzen Locherpunkt als Pupille hinein. Dann schneiden sie einen vorbereiteten Kreis aus rotem Tonpapier mittig durch und verwenden eine Hälfte als Mund. Als Nase dient ein weiterer Locherpunkt aus rotem Tonpapier. Augen, Nase und Mund kleben die Kinder nun als Gesicht auf den getrockneten Wattepad.

Für Hut und Haare:

- Die Kinder schneiden ein vorbereitetes schwarzes Tonpapier-Rechteck diagonal durch und verwenden eine Hälfte als Zauberer-Hut. Zur Verzierung können sie von einem Glitzerpapierstreifen kleine Stücke abschneiden und auf den Hut kleben. Als Haare fixieren die Kinder mit Klebstoff schließlich noch etwas Märchenwolle am Kopf des Zauberers.

Für Körper, Arme, Hände, Beine und Füße:

- Für den Körper schneiden die Kinder ein vorbereitetes schwarzes Tonpapier-Rechteck auf einer schmalen Seite spitz zu. Als Arme schneiden sie zwei Streifen von einem schwarzen Tonpapierstreifen ab. Einen vorbereiteten rosafarbenen Kreis schneiden die Kinder mittig durch und verwenden die entstandenen beiden Hälften als Hände. Diese kleben sie jeweils an die beiden Tonpapierstreifen. Für die Beine schneiden die Kinder zwei Streifen des Glitzerpapiers zurecht. Einen vorbereiteten Kreis aus schwarzem Tonpapier schneiden sie mittig durch, verwenden die beiden entstandenen Hälften als Füße und kleben sie jeweils an die Glitzerstreifen an.

Zum Schluss:

- Jetzt können die Kinder den Zauberer-Körper zusammensetzen. Dazu fixieren sie den Kopf, die Arme und die Beine mit Klebstoff am Körperstück ihres Zauberers.
- Jetzt fehlt noch der Zauberstab: Hierfür verwenden die Kinder einen schwarzen Tonpapierstreifen. An das obere Ende kleben sie ein Stück Glitzerpapier. Den Zauberstab können die Kinder nun an einer Hand mit Klebstoff befestigen.

Bunte Wasserzauberei

Das brauchen Sie:

- verschiedenfarbiges Seidenpapier (blau, rot, gelb)
- drei Plastikteller
- mehrere durchsichtige Gefäße, z.B. Krüge, einige Milchflaschen o.Ä.
- eine Kanne mit Wasser
- evtl. einen Löffel und eine Schüssel

Das bereiten Sie vor:

Reißen Sie verschiedenfarbiges Seidenpapier in kleine Schnipsel, und bewahren Sie diese nach Farben sortiert in verschiedenen Tellern auf. Stellen Sie dann drei leere Gefäße und eine Kanne mit Wasser bereit.

So stellen Sie das Zauberwasser her:

- Zuerst stellt man Zauberwasser in den drei Grundfarben Rot, Gelb und Blau her. Ermuntern Sie jedes Kind dazu, einige Schnipsel der jeweiligen Farben in ein leeres Gefäß zu legen. Die Kinder sortieren dabei nach Farben, was ihre visuelle Wahrnehmung fördert und obendrein viel Spaß macht.

- Liegen alle Schnipsel farblich sortiert in den Gefäßen, dürfen die Kinder Wasser aus der Kanne dazugießen. Jetzt können sie beobachten, wie sich das Wasser vor ihren Augen augenblicklich zu färben beginnt. Wie durch Zauberei nimmt das Wasser die Farbe der jeweiligen Papierschnipsel an.

Tipp

Damit die Kinder auch gut erkennen können, dass sich das Wasser tatsächlich verfärbt hat, sollten Sie die ausgefärbten Schnipsel mit einem Löffel aus dem Gefäß fischen. Um den Kindern bei diesem Zauberwasser-Experiment einen besseren Überblick zu geben, sollten Sie erst einmal mit nur einer Farbe beginnen und dann in einem zweiten und dritten Schritt die anderen beiden Grundfarben auf diese Weise herstellen.

Zum Weitermachen und Weiterstaunen:

Haben die Kinder die drei Grundfarben hergestellt, bietet das folgende Experiment noch einen Hauch an Magie. Aus den drei Zauberwasserfarben kann man jetzt drei weitere herstellen, ohne noch mehr Papierschnipsel zu verwenden. Dazu geben die Kinder zuerst etwas von dem gelben Wasser in ein leeres Gefäß. Danach lassen sie ganz langsam wenig von dem blauen Wasser dazufließen. Und siehe da: Das Wasser färbt sich grün. Dieses Farbenmischen begeistert die Kinder ungemein. Damit das Experiment aber auch gelingt, sollten Sie ihnen bei der Dosierung der Wassermengen etwas helfen. Auf dieselbe Weise können die Kinder auch noch andere Farben, wie Orange (Gelb und wenig Rot) und Lila (Rot und wenig Blau) mischen.

Gelbe Schnipsel, gelbes Wasser, mit rotem Wasser wird's orange …

Die magische Schütteldose

In diesem Angebot können Sie die Kinder mit einem kleinen Zaubertrick beeindrucken. Zunächst müssen Sie dafür aber Ihre eigene magische Schütteldose herstellen. Das gelingt leicht ohne viel Aufwand.

Das brauchen Sie für die Schütteldose:

- eine kleine Dose mit verschließbarem Deckel
- schwarzen Tonkarton
- eine weiße Kerze
- etwas Mehl
- Schere

So stellen Sie Ihre Schütteldose her:

- Schneiden Sie aus dem schwarzen Tonkarton ein paar Stücke aus, sodass diese genau der Größe des Dosendeckels entsprechen. Malen Sie mit einer weißen Kerze verschiedene einfache Motive auf die Papiere, und legen Sie diese zum Zaubern bereit. Dabei sollten Sie darauf achten, die Kerze nur ganz leicht aufzudrücken, damit das Motiv unsichtbar bleibt. Füllen Sie anschließend das Mehl in die Dose.

Vor der Zaubermalerei

Die Zauberei beginnt:

- Erzählen Sie den Kindern, dass Ihre magische Schütteldose malen kann, weil sie Zauberpulver enthält. Fragen Sie die Kinder, ob sie sich das vorstellen können. Verbreiten Sie eine geheimnisvolle Stimmung, und lassen Sie die Kinder in die Dose schauen und das Zauberpulver anfassen.

Wir schauen uns das Zauberpulver ganz genau an. Damit kann die Dose malen?

Nach der Zaubermalerei

- Beginnen Sie nun mit Ihrer Zauberei. Zeigen Sie den Kindern dazu kurz eines Ihrer vorbereiteten Tonpapierstücke. Legen Sie dieses dann vorsichtig mit der wachsbemalten Seite nach oben in den Deckel. Verschließen Sie nun die Dose, und murmeln Sie einen Zauberspruch, z.B. „Schüttel ich die Dose wild, malt das Pulver mir ein Bild!" Jetzt öffnen Sie die Dose und nehmen das Tonpapierstück heraus. Durch das Schütteln haftet das Mehl auf dem Wachs, und ein Bild ist zu erkennen. Die Kinder dürfen sich nun selbst von der Zauberei überzeugen und das Bild auf dem Tonkarton begutachten.

Frühlingserwachen am Froschteich...

Die kalte Jahreszeit ist vorbei, und der Frühling hält Einzug. Die Tage werden allmählich wärmer, und die Sonne gewinnt zunehmend an Kraft. Überall erwacht neues Leben, Tiere werden munter, und man hält sich wieder mehr im Freien auf. Auch am Teich werden die Tiere wach. Der kleine Frosch erkundet die Umgebung um das Gewässer und begegnet anderen Bewohnern. Es gibt viel zu entdecken und zu bestaunen, und die Kinder werden gespannt und neugierig warten, welche Abenteuer es rund um den Teich zu erleben gibt.

Ein Frühlingserwachen rund um den Froschteich lässt sich mit den Kleinsten wunderschön gestalten. Vielfältige Anregungen zum Zuhören, Spielen, Gestalten, Singen und Bewegen bietet das nun folgende Kapitel.

Unsere Frösche im blauen Teich

Fips, der kleine Frosch, berichtet von seinem Leben am Teich und nimmt die Kinder mit auf seine Suche nach einem leckeren Frühstück.

Ein Fingerspiel knüpft unmittelbar an die Froschgeschichte an. Während die kleinen Verse die feinmotorischen Fähigkeiten der Kinder fördern, begegnen sie hier ihrem Froschfreund Fips nach seinem ausgiebigen Fliegenfrühstück noch einmal.

Im Kreativangebot können die Kinder selbst einen Frosch gestalten. All ihre Frösche dürfen sie dann z.B. um einen großen Froschteich aus blauen Tüchern, Steinen und Pflanzen herum arrangieren. Bestimmt treffen sich alle immer wieder gerne an ihrem individuellen Teich, um dort gemeinsamen zu singen und zu erzählen.

Ein lustiges Froschlied lädt zum Mitsingen, Mitsprechen und Mitspielen ein und fördert die Sprachentwicklung der Kinder.

Vielfältige Bewegungsimpulse rund um einen improvisierten Froschteich aus weichen Matten fördern die motorischen Fähigkeiten und das Körpergefühl der Kinder. Die Kleinen können sich hier wie Fips, der Frosch, fühlen und sich als aktive Turnfrösche erproben.

Und nun wünschen wir Ihnen viel Freude mit dem kleinen Frosch und seinen Freunden!

Fips, der Frosch, will frühstücken

Fips, der grüne Frosch, berichtet von seinem Leben am Teich. Mit wenigen Hilfsmitteln lässt sich die Geschichte begleiten und wird den Kindern sicher viel Freude bereiten. Nehmen Sie die Gegenstände aus der Materialliste, und bringen Sie sie an passender Stelle in die Geschichte ein.

Das brauchen Sie zum Geschichtenspielen:

- ein Stück gelbes Tonpapier als **Sonne**
- hellblaue Tücher für den **Himmel**
- dunkelblaue Tücher für den **Waldteich**
- ein Plüschtier oder eine Handpuppe als **Frosch**
- ein Stück Papier oder Filz als **Seerosenblatt**
- grüne Tücher als **Gras**
- ein Schneckenhaus für die **Schnecke**
- kleine Perlen, Steinchen, Naturmaterialien oder Papierkügelchen als **Fliegen, Mücken und Schnaken**
- ein braunes Tuch als **Wasserloch**
- einen großen **Stein**

*Es ist ein schöner Frühlingsmorgen. Die **Sonne** scheint warm am blauen **Himmel**, und am kleinen **Waldteich** werden die Tiere wach. Fips, der grüne **Frosch**, liegt auf einem **Seerosenblatt** und macht gerade seine Augen auf. Noch ganz verschlafen gähnt er: „Uuaaahh, habe ich gut geschlafen!", und streckt seine Arme und Beine aus. „Aber jetzt habe ich Hunger!" Und schon klettert er von dem Seerosenblatt herunter und schwimmt durch den **Teich** ans andere Ufer. Hier findet er meistens etwas zum Frühstücken. Am liebsten mag er Fliegen, und so setzt er sich ins **Gras**, um zu warten, ob nicht ein paar davon vorbeifliegen. Es dauert nicht lange, da begegnet er der **Schnecke** Amanda. „Einen wunderschönen guten Morgen, Amanda!", grüßt Fips sie freundlich. „Hallo!", antwortet sie. „Wo willst du hin?" „Frühstück suchen!", entgegnet Fips und hüpft auch schon davon. Denn er kennt eine Stelle in der Nähe des Waldteiches, wo besonders viele Fliegen zu finden sind. So springt er fröhlich durch das hohe **Gras**, als er es auch schon summen und brummen hört. Leise schiebt er das Gras auseinander und schaut hindurch. Da sieht er sie. Unzählige **Fliegen, Mücken und Schnaken** tummeln sich über einem kleinen **Wasserloch**. Fips muss ganz still sein, damit sie ihn nicht entdecken. Immer näher schleicht er sich an das Wasserloch. Jetzt muss er nur noch seine lange, klebrige Zunge ausstrecken, und schon wird eine Fliege daran kleben bleiben. Fips konzentriert sich, macht den Mund auf, schleudert seine Zunge heraus, und dann passiert es. Er rutscht auf einem großen, glitschigen **Stein** aus und fällt mit einem lauten Platsch in das **Wasserloch** hinein. Das Wasser spritzt nach allen Seiten, und die **Fliegen, Mücken und Schnaken** fliegen alle davon. „So was Dummes!", schimpft er, als er bemerkt, dass er keine einzige Fliege erwischt hat. Stattdessen sitzt er mit knurrendem Magen in dem **Wasserloch** und ist über und über mit Schlamm bedeckt. „Das war wohl nichts heute!", stellt er fest. „Vielleicht habe ich morgen mehr Glück. Aber jetzt muss ich mich erst einmal waschen!" Er hüpft zurück zum **Waldteich** und schwimmt ein paar Runden darin herum. „Wenigstens bin ich jetzt wieder sauber, aber mein Bauch fühlt sich immer noch so leer an." Doch plötzlich bemerkt er unzählige **Fliegen**, die dicht über der Wasseroberfläche herumschwirren. Er lässt seine klebrige Zunge herausschnellen, und schon hat er eine erwischt. Und noch eine und noch eine. Fips frühstückt eine Fliege nach der anderen, bis sein Bauch kugelrund ist. „Ohhhh, bin ich satt!", sagt er zufrieden. Nun klettert er auf sein **Seerosenblatt**, streckt die Beine gemütlich aus und lässt sich von der **Sonne** wärmen. Denn herumhüpfen oder schwimmen wird er heute gewiss nicht mehr.*

Am kleinen Teich

Verse sprechen, …	… Finger spielen
Am kleinen Teich, im grünen Gras, da sitzt jemand, wer ist denn das?	*mit den Armen einen Kreis formen; ausladende Handbewegung machen*
Der kleine Frosch ist dort zu Haus', doch heute ruht er sich nur aus.	*mit einer Hand eine Mulde formen*
Er liegt auf einem grünen Blatt und gähnt ganz laut, denn er ist satt.	*ausgiebig und laut gähnen*
Er hat gegessen viele Fliegen, deswegen will er nur noch liegen.	*sich den Bauch reiben*
Will nicht mehr hüpfen, nicht mehr springen, will nicht einmal im Teich rumschwimmen.	*verneinende Handbewegung machen und den Kopf dabei schütteln*
Der Frosch will lieber seine Ruh' und macht ganz schnell die Augen zu.	*die Augen schließen und den Kopf auf die gefalteten Hände zum Schlafen legen*

Ein Frosch aus Watte und Papier

Das brauchen Sie für den Frosch:

- Tonpapier (hellgrün, dunkelgrün, weiß, rot, schwarz)
- Wattepad
- grüne Wasserfarbe
- Pinsel
- Schere
- Klebstoff
- Locher

Ein selbstgemachtes Fips-Exemplar

So gestalten die Kinder ihren Frosch:

Für den Kopf:

- Mit grüner Wasserfarbe bemalen die Kinder das Wattepad und lassen es trocknen.

Für das Gesicht:

- Für die Augen schneiden die Kinder von einem weißen Papierstreifen zwei Stücke ab. Mit einem Locher stanzen sie kleine, schwarze Punkte aus und kleben sie als Pupillen auf die Augen. Zwei weitere Locherpunkte werden die Nasenlöcher. Einen roten Tonpapierkreis schneiden sie mittig durch und verwenden eine Hälfte davon als Mund.
- Augen, Mund und Nasenlöcher kleben die Kinder anschließend als Gesicht auf das getrocknete Wattepad.

Für den Körper:

- Bereiten Sie für jedes Kind ein hellgrünes Papier-Rechteck vor. Die Kinder schneiden alle vier Ecken rund ab und verwenden es als Froschbauch.

Für Arme und Beine:

- Von einem hellgrünen und einem dunkelgrünen Papierstreifen schneiden die Kinder jeweils zwei Stücke ab. Die hellgrünen Stücke verwenden sie als Beine, die dunkelgrünen als Arme.

Zum Schluss:

- Alle Einzelteile des Frosches setzen die Kinder nun zusammen und fixieren sie mit Klebstoff.

Am Teich sitzt ein Frosch

Melodie und Text: Beate Vogel

2.

„Quak, Quak“, macht der Frosch. „Quak, Quak“, macht der Frosch
und hüpft mit einem riesen Satz hinein ins Wasser … „Platsch!“

3.

„Juche!“, ruft der Frosch. „Juche!“, ruft der Frosch
und schwimmt und flitzt und plantscht und spritzt im schönen Teich herum.

4.

„Oh je!“, quakt der Frosch. „Oh je!“, quakt der Frosch.
„Ich bin so müd' und auch ganz nass, ich leg' mich mal ins Gras.“

5.

Am Teich liegt ein Frosch, am Teich liegt ein Frosch
und ruht sich aus und schläft bald ein und träumt vom Glücklichsein.

Froschturnen

Kaulquappe

Das brauchen Sie:

- einen Kriechtunnel

So geht es:

Als Kaulquappe durch den Kriechtunnel …

➤ Erzählen Sie den Kindern von den vielen, vielen Kaulquappen, die im Teich leben und sich später zu richtigen Fröschen entwickeln. Sagen Sie den Kindern, dass sie nun selbst Kaulquappen und Frösche spielen können. Dazu kriechen sie zunächst als winzige Kaulquappen am Boden umher, danach durch den Kriechtunnel. Dort geschieht das Besondere: Hier verwandeln sie sich zu Fröschen. Mit großen Sprüngen geht es weiter zum Seerosenteich …

Seerosenteich

Das brauchen Sie:

- eine große blaue Bodenmatte (alternativ: kleine blaue Bodenmatten)
- kleine bunte Matten (alternativ: bunte Tücher)

So geht es:

Rast machen auf einem Seerosenblatt …

➤ Verteilen Sie die bunten Matten auf der großen, blauen Bodenmatte. Sie stellen die Seerosenblüten auf dem Wasser dar. Die kleinen „Froschkinder", die gerade noch durch den Tunnel gekrochen sind, dürfen nun von Seerose zu Seerose hüpfen (oder auch krabbeln, steigen etc.). Wenn die kleinen Froschkinder müde werden, legen sie sich auf ein Seerosenblatt und ruhen sich aus. Denn es wartet die nächste Herausforderung für die Froschkinder – der Wasserweitsprung …

Wasserweitsprung

Das brauchen Sie:

- ein niedriges und ein hohes Kastenteil
- eine große Bodenmatte
- bunte kleine Matten (alternativ: bunte Tücher)

So geht es:

Mit einem großen Froschhüpfer auf ein Seerosenblatt springen …

➤ Nachdem sich die Froschkinder ein wenig ausgeruht haben, klettern sie auf einen steilen Hang am Teichufer. Stellen Sie dazu die beiden Kastenteile (erst den niedrigen, dann den hohen) hintereinander auf. Im Anschluss daran die große Bodenmatte legen. Die Kinder klettern auf den Kasten und springen auf die blaue Matte ins „Wasser". Sie können auch kleine bunte Matten auf der blauen Matte verteilen. So kann das Zielspringen auf die Seerosenblüten beginnen …

Ei, Hahn und Hühnerstall

Gerade in der Zeit um Ostern bekommt das Ei besondere Bedeutung beigemessen. Der Osterhase versteckt bunt bemalte Eier in den Körbchen der Kinder. Kleine Küken schlüpfen im Frühling aus ihren Eiern. Und auch das Frühstücksei, das die Kinder von zu Hause her kennen, schmeckt nicht nur zur Osterzeit gut. Es ist für die Kleinen ungemein spannend, zu erfahren, wo das Ei herkommt und was sich in seinem Inneren verbirgt. Vielleicht kann man sogar einen Ausflug zu einem Bauernhof unternehmen, um dort frische Eier im Hühnerstall zu finden oder geschlüpfte Küken hautnah erleben zu können …

Dieses Kapitel bietet vielfältige, ganzheitliche Anregungen rund um das Thema Huhn und Ei.

Deko für den Ostertisch: ein Kaffeefilter-Hühnerpärchen

In einer Geschichte erleben die Kinder, wie die frischgebackene Hühnermama Bernadette zum ersten Mal ihre Babys in den Arm nimmt.

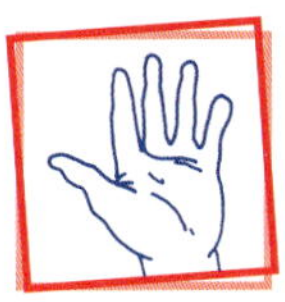

In einem kleinen Fingerspiel begleiten die Kinder 5 Hühner beim Aufwachen.

Bei einem Kreativangebot können die Kinder selbst ein lustiges Kaffeefilter-Hühnchen für den Ostertisch gestalten.

Ein lustiges Lied zum Zuhören und Mitsingen berichtet vom Leben auf dem Hühnerhof und erweitert den Wortschatz der Kinder.

Die Kinder betrachten ein rohes Hühnerei ganz genau und erfahren, wie man daraus ein leckeres Rührei zubereiten kann, indem sie selbst zu kleinen Köchen und Köchinnen werden.

Spannende und interessante Erfahrungen zum Thema Huhn und Ei wünschen wir Ihnen und Ihren Kindern mit den Angeboten auf den folgenden Seiten.

Hühnermama Bernadette

Um das Leben im Hühnerstall hautnah miterleben zu können, benötigen Sie nur die unten stehenden Utensilien zum Spielen der Geschichte.

Das brauchen Sie zum Geschichtenspielen:

- braune Tücher für den **Hühnerstall**
- ein paar **Hühner** und
- einen **Hahn** aus Papier oder Plüsch
- etwas **Heu** und **Stroh**
- **Getreidekörner**
- **Eierschalen**
- vier **Küken** aus Papier oder Märchenwolle etc.

*Im **Hühnerstall** herrscht große Aufregung. Überall gackern die **Hühner** und laufen durcheinander. Der **Hahn** kräht aufgeregt sein lautestes „Kikeriki!", aber alles Rufen und Suchen hilft nichts. Bernadette bleibt verschwunden. „Wo kann sie nur sein?", fragt eine braune Henne. „Wir haben doch schon überall nachgesehen!" „Dann müssen wir eben noch einmal genauer schauen!", antwortet der bunte Hahn. Und so suchen sie noch einmal den ganzen Hühnerstall von oben bis unten ab. Beinahe wollen sie die Suche schon abbrechen, da entdecken sie Bernadette in der hintersten Ecke des Hühnerstalls. Zwischen **Heu und Stroh** versteckt, hockt sie und weint. „Ich hab sie gefunden", brüllt die braune Henne, und sogleich stürmt die gesamte Hühnerschar herbei. „Was ist denn passiert? Warum weinst du, Bernadette?", fragen die Hühner. „Gack, gack!", antwortet sie und bricht schon wieder in Tränen aus. „So sag doch etwas!", bittet die braune Henne.*

*„Vielleicht hat sie Hunger!", vermutet ein anderes Huhn und bringt ihr leckere **Getreidekörner**. Doch Bernadette jammert daraufhin nur noch viel mehr. „Vielleicht friert sie?", denkt der Hahn und schleppt Stroh herbei. Aber Bernadette will auch das Stroh nicht haben. Stattdessen schluchzt sie lauthals: „Meine Eier. Alle meine Eier sind kaputt! Seht nur!" Und zum Beweis geht sie ein Stückchen zur Seite. Überall liegen **zerbrochene, weiße Eierschalen** auf dem Boden. „Oh je!" „Um Himmels Willen!" „Ach, du meine Güte!", rufen die Hühner aufgeregt. „Jemand hat Bernadettes Eier zerstört!" Doch gerade als die traurige Bernadette erneut anfangen will zu weinen, da ertönt von draußen ein seltsames Geräusch: „Gack, gack, gack!" Ganz hell und leise. Sofort stürmt die Hühnerschar nach draußen, um zu sehen, was da los ist. Auch Bernadette geht mit.*

*Doch wie staunen alle, als sie sehen, woher dieses Geräusch kommt. Vor dem Hühnerstall sitzen vier kleine, gelbe **Küken** und piepsen leise vor sich hin. „Meine Babys!", brüllt Bernadette und stürmt auf die vier winzigen Hühner zu. „Ihr seid geschlüpft, als ich geschlafen habe, und es geht euch gut. Ich habe mir solche Sorgen gemacht!" Und dann drückt sie alle vier fest an sich. Da freuen sich auch die anderen Hühner, und alle wollen die Küken einmal betrachten. „Wie sollen sie heißen?", fragt die braune Henne. „Pia, Paula, Pina und Pilu!", sagt Bernadette entschlossen. „Na, dann herzlich willkommen auf unserem Hühnerhof, Pia, Paula, Pina und Pilu!", begrüßt der bunte Hahn die Küken. Und Bernadette? Die ist die glücklichste Hühnermama auf der ganzen Welt …*

Die fünf Hühner

Verse sprechen, …	… Finger spielen
Fünf Hühner sitzen auf der Stange, es ist noch Nacht, sie schlafen lange.	*fünf Finger einer Hand zeigen;* *den Kopf auf gefaltete Hände legen*
Das erste Huhn ruft aufgebracht: „Es wird bald hell, los aufgewacht!“	*den Daumen zeigen*
Das zweite meint: „Ich mag noch nicht“, und reibt verschlafen sein Gesicht.	*den Zeigefinger zeigen*
Und auch das dritte dreht sich stumm einmal um sich selbst herum.	*den Mittelfinger zeigen*
Das vierte macht die Augen zu, es ist noch müd, will seine Ruh’.	*den Ringfinger zeigen*
Nur das fünfte wird schon munter, hüpft von seinem Platz herunter.	*den kleinen Finger zeigen*
Gackert froh: „Na los, ihr vier! Ein Ei gelegt, dann spielen wir!“	*einladende Handbewegung*

Kaffeefilter-Hühnchen

Das brauchen Sie für das Kaffeefilter-Hühnchen:

- Tonpapier
  (rot, weiß, schwarz, beige)
- Kaffeefiltertüte
  (natur oder weiß)
- Federn
- Schere
- Locher
- Klebstoff

Jedes Kaffeefilter-Hühnchen ist ein Unikat.

So gestalten die Kinder ihre Hühner:

Für den Kopf:

➤ Legen Sie den Kindern ein weißes oder beiges Tonpapier-Quadrat bereit, an dem sie alle vier Ecken rund abschneiden.

Für das Gesicht:

➤ Als Schnabel schneiden die Kinder ein rotes Papier-Rechteck diagonal durch und verwenden eine Hälfte davon.
Für die Augen schneiden die Kinder zwei Stücke eines weißen oder beigen Papierstreifens ab und kleben jeweils einen schwarzen Locherpunkt als Pupille darauf.
Legen Sie den Kindern ein rotes Tonpapier-Rechteck bereit. Für den Kamm schneiden die Kleinen auf einer längeren Seite einige Zacken hinein.
Die Einzelteile des Gesichtes fixieren die Kinder nun mit Klebstoff auf dem Kopf.

Für den Körper:

➤ Legen Sie für jedes Kind eine Filtertüte in Weiß oder Beige bereit. Die Kinder klappen die Filtertüte auf und stabilisieren sie, indem sie sie etwas mit der Faust ausbeulen und dann verkehrt herum vor sich auf den Tisch stellen. Hier müssen Sie den Kindern vielleicht etwas helfen. An der Filtertüte können die Kinder dann den Hühnerkopf mit Klebstoff befestigen.

Für die Flügel:

➤ Das Huhn ist jetzt schon fast fertig, nur die Flügel fehlen noch. Die Kinder können nun ein paar Bastelfedern oder Hühnerfedern an den Seiten der Filtertüte anbringen, und fertig ist das Kaffeefilter-Hühnchen.

Das Lied vom Hühnerhof

Melodie: traditionell; „Der Schornsteinfeger“ **Text:** Beate Vogel

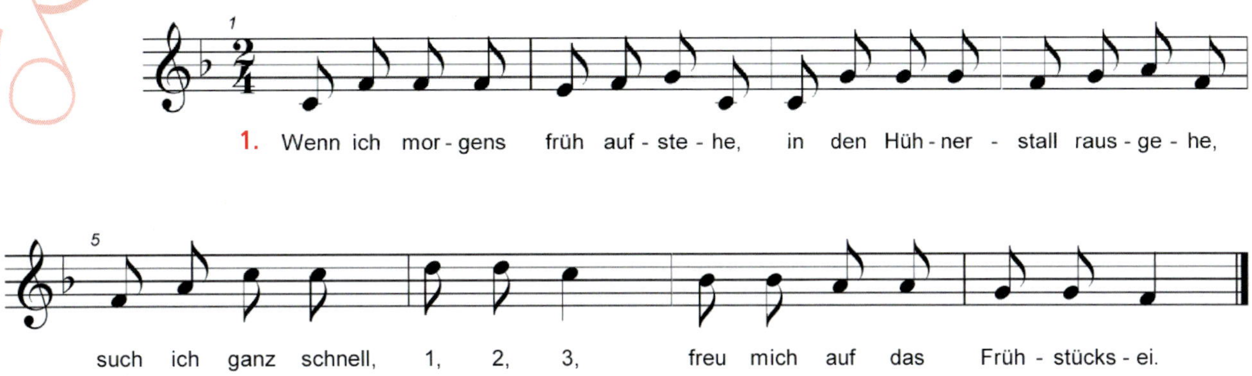

2.
Die Hühner gackern aufgeregt,
sie haben schon ein Ei gelegt.
Ich greife in das Nest hinein,
sammle alle Eier ein.

3.
Dann streue ich noch Futter aus
und gehe rasch zurück ins Haus.
Die Hühner scharren in dem Stroh,
picken nach den Körnern froh.

4.
Für heute haben alle frei,
erst morgen gibt’s ein neues Ei.
Die Hühner wollen ihre Ruh’,
machen schnell die Augen zu.

Vom Hühnerei zum Rührei

Hat man ein fertig zubereitetes Rührei auf seinem Teller liegen, kann man sich kaum vorstellen, dass dies aus Hühnereiern entstanden ist, die vorher fein voneinander abgetrenntes Eigelb und Eiweiß waren. Wie bloß wird daraus ein leckeres Rührei? Dieses Angebot bietet sich geradezu an, um den Entstehungsprozess vom Hühnerei zum Rührei einmal genau zu verfolgen.

So wird es gemacht:

- Zuerst schlagen die Kinder die Eier in einer großen Schüssel auf. Dazu benötigen sie natürlich noch Ihre Hilfe. Gemeinsam können sie den Dotter nun bestaunen, wie er im Eiweiß schwimmt. Für ein köstliches Rührei, das für alle Kinder ausreicht, sind aber viele Eier nötig. Nach und nach kommen immer mehr dazu. Die Kleinen können sehen, wie die Eigelbe in der Schüssel einander Platz machen müssen und bald ganz dicht nebeneinander kleben. Manche bleiben vielleicht auch gar nicht so schön in ihrer Form, sondern laufen ins Eiweiß hinein. Nach einer Weile schwimmen ganz viele Eier in der Schüssel.

Viel zu entdecken: Ein rohes Ei schwimmt in der Schüssel.

- Um aus den Eiern ein Rührei herzustellen, dürfen die Kinder diese mit einem Schneebesen erst einmal gründlich verquirlen, bis eine gebundene, gelbe Masse entstanden ist und sie nichts mehr von getrenntem Eigelb und Eiweiß erkennen können. Es ist spannend, diesen Wechsel zu beobachten und ihn selbst bewirkt zu haben.

Vorbereitungen für das Rührei: Beim Eierverquirlen muss man Kraft aufwenden.

- Geben Sie nun noch etwas Salz und Kräuter dazu, und schon können Sie gemeinsam in die Küche gehen und das Rührei in der Pfanne zubereiten. Geben Sie etwas Öl in eine große Pfanne, und erhitzen Sie diese. Danach können Sie die Eiermasse hineingießen und das Rührei ausbacken. Die Kinder dürfen nun mit ausreichend Sicherheitsabstand beobachten, wie unter Rühren aus der flüssigen eine feste Masse wird, die man essen kann.

- Achten Sie immer darauf, dass sich die Kinder nicht an der heißen Herdplatte verbrennen, wenn sie den Garvorgang bestaunen. Ist das Rührei fertig, können alle am schön gedeckten Tisch Platz nehmen. Guten Appetit!

Zum Schluss dürfen alle von dem selbstgemachten Rührei kosten.

Sommer, Sonne, Strand und Meer

Der Sommer ist da! Draußen ist es warm, und die Sonne scheint den ganzen Tag. In der Urlaubszeit fahren viele Familien ans Meer. Muscheln sammeln, Sandburgen bauen, schwimmen gehen – das sind die Lieblingsbeschäftigungen der Kinder. Am Meer gibt es auch viele verschiedene Lebewesen. Tiere, die sie von zu Hause nicht kennen, z. B. Krebse, Fische, Muscheln.

Wenn die Kinder gerade aus dem Urlaub zurückgekehrt sind, ist das Sommer-Sonne-Strand-Erlebnis in ihrer Erfahrungswelt gerade ganz aktuell, und so können Sie diese Erlebnisse mit den Projekten in diesem Kapitel aufgreifen und vertiefen. Aber auch vor den Ferien können Sie dieses Thema beginnen, um neugierig zu machen und Interesse zu wecken.

Gemeinsame Sand- und Muschelerfahrungen im Freien

Wann immer Sie sich für diese Thematik entscheiden, sie bietet einen großen Handlungsspielraum und wird den Kleinsten großen Spaß bereiten. In unterschiedlichen Angeboten können die Kinder Sommer, Sonne, Strand und Meer mit allen Sinnen erleben:

In einer einfühlsam erzählten Geschichte lernen die Kinder den kleinen braunen Fisch Felix kennen und erfahren, wie wichtig Freundschaft ist.

Die Kinder basteln einen bunten Fisch aus Papier. Sie können auch einen ganzen Schwarm zusammenstellen, indem sie mehrere Papierfische zum Beispiel auf einem blauen Tuch befestigen, welches das Meer darstellen soll.

In einem lustigen Lied zum Mitsingen und Mitmachen begegnen die Kinder weiteren Meeresbewohnern wie Qualle, Krebs und Muschel.

Sinneserfahrungen mit Sand bieten sich bei diesem Thema geradezu an und laden zum sinnlich-kreativen Erleben ein. Die Kinder gestalten Sand-Kleister-Bilder mit Muschelschalen. Das regt nicht nur die Fantasie an, sondern fördert auch die taktile Wahrnehmung.

In vielfältigen Bewegungsimpulsen begeben sich die Kinder hinaus auf die „Hohe See" und holen Segel ein, sammeln Muscheln oder fahren Boot. Dabei erwarten sie verschiedene motorische Herausforderungen, die ihr Körpergefühl verbessern.

Nun kann der Sommer kommen, damit Sie diese Ideen mit Ihren Kindern bald ausprobieren können. Und bestimmt bekommen die Kleinen Lust auf Me(e/h)r ...

Felix findet einen Freund

In dieser kleinen Vorlesegeschichte lernen die Kinder Felix, den Fisch, kennen. Gemeinsam mit ihm können sie sich auf eine Unterwasserreise begeben und verschiedene Meeresbewohner kennenlernen. Noch eindrucksvoller können Sie diese Erzählung für die Kinder gestalten, wenn Sie diese mit den Materialien aus der Liste szenisch begleiten.

Das brauchen Sie zum Geschichtenspielen:

- einen **braunen Fisch** aus Papier
- blaue Tücher für das **Meer**
- braune Tücher für den **Meeresboden**
- einen **roten Fisch** aus Papier
- einen **orangefarbenen Krebs** aus Papier
- eine große **Muschel**
- eine **Perle** (z. B. Dekostein, Murmel …)

Felix, der kleine ***braune Fisch****, lebt im großen weiten* ***Meer****. Weil er ganz braun ist, kann man ihn beinahe nicht vom* ***Meeresboden*** *unterscheiden. Denn der Boden hat die gleiche Farbe wie Felix. Würde er mit den anderen Fischen Verstecken spielen, hätte er auf dem Boden ein schnelles Versteck, und niemand könnte ihn sehen. Aber leider will niemand mit ihm spielen. Die Tiere im Meer sind nämlich alle bunt und schön, und sie finden Felix ist braun und hässlich.*

Eines Tages fasst er seinen ganzen Mut zusammen und spricht einen anderen, leuchtend roten Fisch an. „Hallo!", sagt Felix leise. „Willst du mit mir spielen?" Der ***rote Fisch*** *sieht ihn an und sagt: „Ich soll mit dir spielen? Schau dich doch einmal an. Du bist der langweiligste braune Fisch, den ich je gesehen habe! Nein, mit dir spiele ich nicht!" Und dann schwimmt er einfach weg. Felix fasst sich erneut ein Herz und geht zu einem* ***Krebs****, der auf dem Meeresboden sitzt. „Spielst du mit mir?", fragt er ihn. „Ha, ha, ha!", lacht der Krebs. „Du bist braun und hässlich. Nein, mit dir spiele ich nicht!" Und dann krabbelt er davon. Felix fühlt sich einsam und ist traurig. Er schwimmt ganz alleine durch das Meer und weint still vor sich hin. Da begegnet ihm eine* ***Muschel****. „Warum bist du so traurig, kleiner Fisch?", fragt sie ihn. „Weil niemand mein Freund sein will. Ich bin braun und hässlich, und keiner will mit mir spielen!" „Aber es ist doch ganz egal, welche Farbe man hat – ob man nun rot, gelb oder braun ist. Jeder ist gut so, wie er ist! Ich mag dich jedenfalls, kleiner brauner Fisch. Und ich finde dich wunderschön. Und weißt du was? Ich würde gerne dein Freund sein!" „Wirklich?", fragt Felix. Er kann es kaum glauben, dass die Muschel ihn zum Freund haben will. „Wirklich. Und ich möchte dir etwas schenken!" Dann öffnet die Muschel ihren Mund ganz weit, und eine* ***Perle*** *kommt zum Vorschein. „Für dich!", sagt sie und rollt diese zu Felix hin. „Ohhh!", staunt er. „Sie ist wunderschön!" „Ich schenke sie dir. Sie soll dir Glück bringen!", fügt die Muschel hinzu. „Das ist sehr lieb von dir. Und die Perle hat mir sogar schon Glück gebracht!", ruft Felix und lacht. „Ich habe dich getroffen und endlich einen richtigen Freund gefunden, der mich so mag, wie ich bin. Das ist das größte Glück, das es gibt!" „Hast du vielleicht Lust, Verstecken zu spielen?", fragt die Muschel. „Oh, ja!", lacht Felix, und er weiß auch schon, wo er sich verstecken kann …*

Felix Fisch

Ein bunter Papierfisch aus einfachen Formen gestaltet

Das brauchen Sie für den Fisch:

- Tonpapier (weiß, schwarz, orange, rot, gelb, grün)
- Schere
- Klebstoff
- Locher

So gestalten die Kinder ihren Fisch:

Für den Körper:

- Die Kinder schneiden alle vier Ecken an einem gelben Tonpapier-Quadrat rund ab und verwenden es als Fischkörper.

Für die Flossen:

- Für die Seitenflossen schneiden die Kinder einen grünen Papierkreis mittig durch und kleben die beiden entstandenen Halbkreise an den Körper.
- Die Kinder schneiden ein orangefarbenes Quadrat diagonal durch und verwenden eine Hälfte als Schwanzflosse.

Für das Gesicht:

- Die Kinder schneiden von einem weißen Papierstreifen ein Stück ab, welches sie als Auge verwenden, und kleben einen schwarzen Locherpunkt als Pupille hinein. Für den Mund schneiden die Kinder einen kleinen roten Papierkreis mittig durch und verwenden eine Hälfte als Mund. Die Einzelteile des Gesichts können sie nun mit Klebstoff auf dem Fisch fixieren.

Tipp

Vielleicht möchten die Kinder ihren Fisch ja auch in ganz anderen Farben gestalten, oder manche wollen sogar einen matschbraunen Felix-Fisch basteln. Lassen Sie die Kleinen die Farben selbst auswählen, so können Sie aus den verschiedenen Fischen einen farbenfrohen Schwarm gestalten, den Sie später auf einem blauen Untergrund zu einer Unterwasserwelt arrangieren können.

Es schwimmt ein kleines Fischlein

Melodie: traditionell; „Ich bin ein kleiner Tanzbär" **Text:** Eva Danner

2.
Es schwebt eine kleine Qualle im großen weiten Meer.
Sie schwebt erst einmal weit weg, dann schwebt sie wieder her.
Schwebt mal hier hin und mal dort, und plötzlich ist die Qualle fort. *(2x)*

3.
Es läuft ein kleiner Krebs im großen weiten Meer.
Er läuft erst einmal weit weg, dann läuft er wieder her.
Läuft mal hier hin und mal dort, und plötzlich ist der Krebs dann fort. *(2x)*

4.
Es taucht ein dicker Walfisch im großen weiten Meer.
Er taucht erst einmal weit weg, dann taucht er wieder her.
Taucht mal hier hin und mal dort, und plötzlich ist der Walfisch fort. *(2x)*

5.
Es liegt eine Muschel im großen weiten Meer.
Sie geht erst einmal weit weg, dann kommt sie wieder her.
Geht mal hier hin und mal dort, und plötzlich ist die Muschel fort. *(2x)*

Tipp

Dieses lustige Lied können die Kinder mit entsprechenden Bewegungen zum Text begleiten: Dann schweben sie etwa als Qualle durchs Meer oder krabbeln als Krebse durch den Sand … Und wenn das jeweilige Tier dann „fort" ist, lassen Sie einfach die Hände hinter Ihrem Rücken verschwinden.

Matschige Sand-Kleister-Kreationen

Ein sinnliches Erlebnis mit Kleistersand: Die Kinder mischen, matschen und gestalten.

Passend zum Thema Strand, bietet Sand natürlich tolle Sinneserfahrungen für Ihre Kinder. Man kann damit spielen, bauen, klecksen und matschen und auch tolle Sand-Kleister-Bilder gestalten. Sie brauchen nur wenige Materialien, um den Kleinen wunderschöne, sinnlich-kreative Erlebnisse zu bereiten. Viel Spaß beim sandigen Bilder-Matschen!

Das brauchen Sie:

- Tapetenkleister
- Sand
- blaue Fingerfarbe
- großflächiges, dickes Papier (am besten Karton) als Malgrund
- Muschelschalen
- eine große Schüssel
- einen Schneebesen
- einen Löffel

So geht es:

- Zuerst bereiten Sie die Kleister-Sand-Mischung vor. Dazu rühren Sie zunächst in einer großen Schüssel Kleister an. Im Mischverhältnis 1:1 rühren Sie langsam den Sand ein. Dabei können die Kinder bereits helfen und beobachten, wie die Sandmasse entsteht.
- Ist alles gut verrührt, kommt blaue Fingerfarbe dazu. Dann kann es losgehen.
- Die Kinder schöpfen zuerst mit Löffeln Sand-Kleister-Masse auf ihr Papier. Dann dürfen sie nach Herzenslust damit matschen und die Masse ausgiebig mit den Händen auf ihrem Malgrund verteilen.
- Ist das Matschen beendet, dürfen die Kinder zum Schluss noch Muschelschalen in die Masse hineindrücken. Nun müssen die Kunstwerke nur noch trocknen, und fertig sind die matschigen Sand-Kleister-Kreationen mit Muschelverzierung.

Tipp

Die Kleinen haben viel Freude daran, die Masse unter ihren Fingern zu spüren. Besonders viel Spaß bereitet den Kindern die Sand-Kleister-Matscherei, wenn sie viel Platz zum Verteilen haben. Deswegen sollten Sie ihnen unbedingt einen ausreichend großen Malgrund bereitlegen. Damit das Papier nicht gleich aufweicht, sollte es eine ausreichende Stärke besitzen.

Strandturnen

Segel einholen

Das brauchen Sie:

- Sprossenwand oder Kletternetz
- verschiedenfarbige Tücher

So geht es:

- Befestigen Sie verschiedenfarbige Tücher in unterschiedlicher Höhe locker an der Sprossenwand bzw. dem Kletternetz.
- Erzählen Sie den Kindern, dass sie auf einem großen Schiff übers weite Meer fahren. Plötzlich kommt ein Sturm auf, und die Segel müssen eingeholt werden. Dazu müssen sie die Tücher abziehen und zu Boden fallen lassen. Je nach Alter und Geschicklichkeit können sie dies vom Boden aus tun, wer sich traut, kann einige Sprossen hochklettern und die Tücher von dort abziehen. Ganz Mutige schaffen es vielleicht bis zum „Mastende" …

Zum Segeleinholen müssen die Kinder den „Mast" hinaufklettern.

Muscheln sammeln

Das brauchen Sie:

- zwei Kastenteile
- eine Leiter
- Bodenmatten
- verschiedene Muscheln
- einen kleinen Korb

So geht es:

- Stellen Sie die beiden Kastenteile einander gegenüber auf. Legen Sie die Leiter so darüber, dass ihre beiden Enden auf den Kastenteilen aufliegen. Nun die Bodenmatten als Fallschutz unterlegen und die Muscheln darauf verteilen. An einem Leiterende platzieren Sie den Korb.
- Die Kinder dürfen nun über den Steg (Leiter) klettern und im „Wasser" nach Muscheln suchen. Wer möchte, kann unterwegs ein paar davon einsammeln und sie am Stegende in den Korb legen.

Im „tiefen Wasser" findet man die schönsten Muscheln.

Boot fahren

Das brauchen Sie:

- 15 bis 20 stabile Papprollen (alternativ: Gymnastikstäbe)
- zwei Bodenmatten
- einen großen Pappkarton

So geht es:

- Legen Sie die Papprollen mit etwas Abstand nebeneinander zwischen zwei Bodenmatten. Den Pappkarton als Boot auf die Rollen stellen.
- Erzählen Sie den Kindern, dass sie in einem Boot aufs Meer hinausfahren dürfen. Dazu ziehen Sie den Pappkarton mit dem Kind darin über die Papprollen hinweg von einer zur anderen Uferseite.

Kleine Bootsfahrt auf „hoher See"

Die Affen sind los …

Kinder lieben Tiere, kleine und große, einheimische und fremde. Speziell Affen üben auf die Kleinen eine große Anziehungskraft aus. Diese menschenähnlichen Tiere mit ihren großen Augen finden die meisten Kinder interessant. Es ist spannend, zu beobachten, wie geschickt sie in den Bäumen klettern und in den Ästen schaukeln. Und schon die Kleinsten wissen: Affen mögen Bananen.
Die Angebote auf den folgenden Seiten wecken die Neugier Ihrer Kinder und laden zum Mitmachen ein. Dabei lernen sie viel Neues und Spannendes über ihre klugen Lieblingstiere.

Ein Nuss-Röhren-Experiment für kleine Affen

Die Kinder lernen den schlauen Zoo-Affen Bobo kennen und erfahren eine Menge über sein Leben im Zoo.

In einem bewegungsreichen Fingerspiel, das neben den Händen auch Arme und Beine einbezieht, erfahren die Kleinen noch mehr über die Eigenschaften und Vorlieben ihres Affenfreundes Bobo aus dem Zoo. Gleichzeitig verbessern sie ihre motorischen Fähigkeiten und werden körperlich aktiv.

Mit der Handdruck-Technik gestalten die Kinder ihr eigenes Exemplar von Bobo, dem Affen.

Ein kleines Lied über Bobo den Affen weckt die Freude am gemeinsamen Singen und fördert die Begriffsbildung und den Sprachrhythmus der Kinder.

In vielfältigen Bewegungsanregungen können die Kinder laufen, toben, klettern, balancieren und schaukeln wie die Affen. Auf diese Weise können sie ihre Motorik erproben und ihr Körpergefühl verfeinern.

Und nun wünschen wir Ihnen und Ihren Kindern viel Spaß mit diesen affenstarken Ideen!

Drei Nüsse für Bobo

In dieser kleinen Vorlesegeschichte lernen die Kinder den Affen Bobo kennen und erfahren allerlei aus seinem Leben im Zoo. Damit die Geschichte lebendiger wird, können Sie sie mit den aufgelisteten Materialien begleiten. Wenn die Kinder mögen, können sie die Materialien anschließend auch selbst benutzen, um die Geschichte nachzuspielen. Denn besonders spannend ist es für sie, wenn sie selbst einmal in die Rolle des Affen Bobo schlüpfen und versuchen, Nüsse aus einer Pappröhre herauszuangeln.

Das brauchen Sie zum Geschichtenspielen:

- einen **Affen** aus Plüsch oder Papier
- ein paar **Äste, Stöcke** und **Zweige**
- braune Tücher für das **Affengehege**
- eine **Puppe** oder **Figur** als Tierpfleger (ggf. auch eine gebastelte Figur)
- einen kleinen **Eimer** (z.B. aus den Sandspielsachen)
- ein paar **Äpfel, Bananen** und **Birnen** (z.B. aus der Kinderküche oder dem Kaufmannsladen; auch echtes Obst eignet sich)
- eine breite **Pappröhre**
- ein paar **Nüsse**
- ein dünner, langer **Stock**

Bobo ist ein ***Affe****. Er ist braun und hat einen langen Schwanz. Am liebsten klettert er in* ***Ästen und Zweigen*** *herum. Das kann er sehr gut. Manchmal schaukelt er aber auch nur fröhlich zwischen den Bäumen umher. Bobo lebt in einem Zoo. Genauer gesagt, in einem riesigen Tierpark. Gemeinsam mit seiner Mama und seinem Papa, vielen Onkeln und Tanten, teilt er sich ein* ***Gehege****. Das Affenhaus. Dort haben sie viel Platz zum Klettern und Turnen. Jeden Tag kommt Martin, der freundliche* ***Tierpfleger,*** *zu ihnen. Die Affen warten immer ungeduldig auf Martin, der ihnen köstliches Futter bringt. Am liebsten mögen sie Bananen. Als Martin zu ihnen ins Gehege kommt, rennen die Affen bereits aufgeregt auf ihn zu. „Halt, halt! Nicht so stürmisch, meine Freunde. Man könnte meinen, ich hätte euch schon tagelang nichts mehr zum Fressen gebracht!", lacht er. Dann verteilt er einen ganzen* ***Eimer voller Bananen, Äpfel und Birnen****. Genüsslich mampft die Affenschar das leckere Obst. „Hallo Bobo!", ruft Martin. „Komm mal her, mein Kleiner!" Martin kennt Bobo schon, seit er auf der Welt ist. Er war bei seiner Geburt dabei. Da war Bobo noch winzig klein. Heute ist er bereits ein großer Affe. Immerhin ist er schon drei Jahre alt. Aber für den Tierpfleger bleibt er immer der kleine Bobo, ganz gleich, wie groß er auch ist. Bobo hat Martin sehr gerne. Oft spielen die beiden zusammen. Schnell klettert er zu Martin hinüber. „Na, Bobo. Wie geht's dir heute?" Der Affe schubst Martin leicht an, als wolle er sagen: „Mir geht es prima. Wollen wir spielen?" „Schau her! Ich habe dir etwas mitgebracht!", sagt Martin, und dann gibt er seinem Freund eine* ***lange Röhre****. In der Mitte hat er drei* ***Nüsse*** *befestigt, die mag Bobo so gerne. Deshalb versucht er auch sofort, nach den Nüssen zu greifen, merkt aber schnell, dass er mit seiner Hand nicht drankommt. Die Röhre ist viel zu lang. Bobo sieht Martin an. Martin schmunzelt. Das Spiel hat begonnen … Jetzt muss Bobo sich etwas einfallen lassen, um die Nüsse aus der Röhre zu bekommen. Er findet es spannend, solche Spiele zu spielen. Schnell saust er durch das Gehege und sucht nach etwas. Als er zu Martin zurückkehrt, hält er einen* ***dünnen Stock*** *in der Hand. Sofort steckt er ihn in die Röhre und schiebt die Nüsse damit heraus. „Prima! Du hast es geschafft, Bobo. Du bist ein kluger Affe. Und nun lass dir die Nüsse schmecken. Ich komme morgen wieder. Vielleicht spielen wir dann ein anderes tolles Spiel!" Er streichelt dem Affen noch einmal liebevoll über den Kopf, dann macht er sich auf den Weg. Aber Bobo weiß, morgen kommt der freundliche Tierpfleger wieder, und dann spielen sie bestimmt ein spannendes Spiel … Und Martin? Der hat noch eine ganze Menge zu tun. Schließlich leben noch viele andere Tiere im Zoo, die auf ihn warten.*

Aus Bobos Leben …

Verse sprechen, …	… Finger spielen
Der Affe Bobo, das ist einer, ein großer, dicker – gar kein kleiner.	*mit den Armen vor dem Bauch einen Kreis formen*
Wenn Bobo morgens früh erwacht, er als Erstes Unsinn macht.	*gähnen, sich recken und strecken*
Kratzt sich am Kopf und hüpft umher, denn Hüpfen, das gefällt ihm sehr.	*sich am Kopf kratzen; hin und her hüpfen*
Mit seinen Füßen stampft er auch und kitzelt sich an seinem Bauch.	*mit beiden Füßen abwechselnd stampfen;* *sich am Bauch kitzeln*
Der Bobo klettert auch sehr gerne, und abends schaut er in die Sterne.	*pantomimisch Kletterbewegungen ausführen;* *nach oben schauen und gleichzeitig die Finger als Sterne „blinken" lassen*
Und will der Bobo seine Ruh', dann macht er schnell die Augen zu.	*den Kopf auf die Hände legen und die Augen schließen*

Gut zu wissen

Bei diesem Fingerspiel kommen nicht nur die Hände zum Einsatz, sondern auch Beine und Füße. So können die Kinder das Spiel mit dem ganzen Körper begleiten und dabei selbst in die Rolle des Affen Bobo schlüpfen. Inhaltlich ist dieses Spiel unmittelbar auf die Erzählung „Drei Nüsse für Bobo" abgestimmt: Es erzählt den Kindern noch einige weitere Eigenschaften und Vorlieben ihres Affenfreundes. Aus diesem Grund eignet es sich hervorragend als Vertiefung der Geschichte.

Handabdruck-Affe

Ein fertiger Handabdruck-Affe

Das brauchen Sie für den Handabdruck-Affen:

- braune Fingerfarbe
- ein weißes Blatt Papier zum Aufdrucken
- ein Wattepad
- braune Wasserfarbe
- Tonpapier (braun, weiß, schwarz, gelb)
- einen schwarzen Fasermaler
- einen braunen Pfeifenreiniger
- Pinsel
- Schere
- Locher
- Klebstoff

So gestalten die Kinder ihren Handabdruck-Affen:

Für den Körper:

- Bemalen Sie die komplette Hand der Kinder mit brauner Fingerfarbe. Sparen Sie dabei aber den Mittelfinger aus. Die Kleinen drücken ihre bemalte Hand jetzt auf ein weißes Blatt Papier, sodass ein Handabdruck für den Affenkörper entsteht. An die freie Stelle des Mittelfingers kleben die Kinder später den Affenschwanz (s.u.).

Für den Kopf:

- Die Kinder malen ein Wattepad mit brauner Farbe an und befestigen es nach dem Trocknen oben an der gedruckten Hand.

Das Wattepad für den Affenkopf dürfen die Kinder mit brauner Wasserfarbe anmalen.

Für die Ohren und das Gesicht:

- Als Ohren schneiden die Kinder einen kleinen braunen Papierkreis mittig durch und kleben die beiden Hälften je links und rechts an den Affenkopf.
- Für die Augen schneiden die Kinder von einem weißen Papierstreifen zwei Stücke ab, auf welche sie jeweils einen schwarzen Locherpunkt als Pupille kleben. Auch für die Nase verwenden die Kinder einen schwarzen Locherpunkt.
- Als Mund schneiden die Kinder von einem kleinen gelben Papier-Rechteck alle vier Ecken rund ab, sodass eine ovale Mundform entsteht.
- Die Einzelteile des Gesichtes setzen sie dann mit Klebstoff zusammen.
- Mit dem schwarzen Fasermaler können sie ihrem Affen zum Schluss noch einen lachenden Mund in die gelbe Mundform hineinmalen.

Für den Schwanz:

- Jetzt fehlt dem Affen nur noch der lange Affenschwanz. Diesen können die Kinder an die freie Stelle des Handabdrucks setzen. Für den Schwanz verwenden sie ein Stück des braunen Pfeifenreinigers. Sie biegen es zu einer Schwanzform etwas rund und fixieren es mit etwas Klebstoff an dem Affenkörper.

Bobo, der Affe

Melodie: traditionell; „Hänsel und Gretel" **Text:** Eva Danner

2.

Bobo, der Affe, hat Hunger jeden Tag.
Er knabbert Nüsse, weil er die gerne mag.
Er isst auch gern Bananen, die liebt er wirklich sehr,
er kann sie schälen, das fällt ihm gar nicht schwer.

3.

Bobo, der Affe, liegt manchmal faul im Gras.
Schaut zu den Sternen, das macht ihm großen Spaß.
Er blickt dann in den Himmel und will nun seine Ruh',
und, wird er müde, macht er die Augen zu.

Tipp

Besonders lebendig wird dieses Lied, wenn Sie es mit entsprechenden Bewegungen begleiten: Lassen Sie den hungrigen Bobo seinen Bauch reiben, deuten Sie pantomimisch das Bananenschälen an, schauen Sie nach oben zu den Sternen, falten Sie Ihre Hände zum Schlafen, und schließen Sie dabei Ihre Augen.

Affenturnen

„Auf die Palmen, fertig, los"

Das brauchen Sie:

- Kokosnusshälften (alternativ: kleine Bälle oder Walnüsse)
- ein paar Reifen
- einen CD-Player
- Musik (z.B. „Die Affen rasen durch den Wald")

So geht es:

Kleine Affen in Bewegung: beim Rutschen, …

- Verteilen Sie entsprechend der Kinderanzahl Reifen im Turnraum, und legen Sie jeweils eine Kokosnusshälfte hinein. Die Reifen stellen in diesem Spiel Palmen dar.
- Die Kinder laufen nun zu der Musik im Raum umher. Am Ende der einzelnen Strophen bzw. bei „Musikstopp" rufen Sie: „Alle Affen klettern auf einen Baum!" Jedes Kind sucht sich nun einen Reifen, in den es sich hineinsetzen kann. Sitzen alle Kinder auf einer Palme, lassen Sie die Musik weiterlaufen, und eine neue Spielrunde beginnt. Um das Spiel abwechslungsreicher zu gestalten, können Sie sich eine neue Bewegungsart für die kleinen Affen überlegen. Lassen Sie sie z.B. durch den Raum hüpfen oder kriechen … Nach der letzten Runde dürfen die Kinder die Kokosnuss „pflücken" und in einen Korb legen.

Affenrutsche

Das brauchen Sie:

- einen hohen Kasten
- eine Leiter und eine Rutsche
- Bodenmatten
- Kokosnüsse (alternativ: kleine Bälle oder Walnüsse)
- einen Korb

So geht es:

… beim Klettern …

- Hängen Sie die Leiter und die Rutsche in jeweils eine Seite des Kastens ein, und sichern Sie den Geräteaufbau mit Bodenmatten ab. Legen Sie die Kokosnüsse auf den Kasten. Den Korb stellen Sie am Ende der Rutsche bereit.
- Die kleinen Affen dürfen nun über die Leiter auf den „Affenberg" klettern, sich eine Kokosnuss nehmen und den Berg hinunterrutschen. Die Kokosnuss legen sie in den Korb hinein, und eine neue Spielrunde kann beginnen.

Affenschaukel

Das brauchen Sie:

- ein Klettergerüst oder eine Reckstange
- eine Isomatte
- ein Seil

So geht es:

… oder Schaukeln.

- Führen Sie das Seil durch die zusammengerollte Isomatte, und knoten Sie es an der Reckstange bzw. am Klettergerüst gut fest. So entsteht eine lustige Affenschaukel, auf der die Kinder nach Belieben schaukeln und sich wie kleine Äffchen fühlen können.

Waldwichtel, WaldKiste und Co.

In der freien Natur bieten sich die vielfältigsten Erfahrungsmöglichkeiten für Kinder. Dort gibt es vieles zu entdecken und zu bestaunen, etwa viele verschiedenartige Pflanzen mit ihren Samen, Blüten und Blättern. Sie können schon den Kleinsten unterschiedliche Materialien zum Bestaunen, Fühlen und Erkunden zur Verfügung stellen: Nüsse, Kastanien, Rinde, Tannenzapfen … – die Natur stellt einen reichen Fundus bereit. All diese Erkundungen sollten natürlich immer unter Aufsicht geschehen, damit die Kinder die kleinen Teile nicht in den Mund nehmen und verschlucken.

Auf den folgenden Seiten stellen wir Ihnen vielseitige Waldideen vor, die sowohl Groß als auch Klein begeistern werden.

In einer Geschichte zum Einstieg begleiten die Kinder den Wichtel Purzel auf seinen Streifzügen durch den Wald und finden einen geheimnisvollen Stein, der sprechen kann.

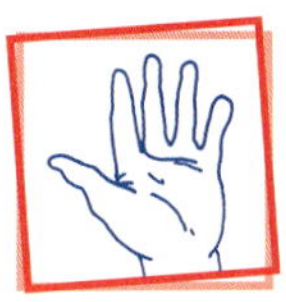

In einem kleinen Fingerspiel erfahren die Kinder mehr über ihren Lieblingswichtel Purzel. Sie hören, wie er aussieht und wo er wohnt. Auf diese Weise findet Begriffsbildung statt, und die Sprachentwicklung wird gefördert.

Mit Naturmaterialien basteln die Kinder lustige Rollenwichtel. Hier können sie ihre Vorstellungen von einer echten Wichtelfigur – wie sie im Fingerspiel beschrieben ist – kreativ umsetzen.

Mit einer Waldspielkiste können Sie den Kindern ein Stück Natur in die Einrichtung holen. Verschiedene Naturmaterialien bieten sinnliche Erfahrungen und laden zum Fühlen, Schauen, Spielen und Experimentieren ein. Dies fördert ihre Sensibilität für Naturerscheinungen.

Ein geheimnisvoller, bemalter Stein macht die Waldwichtelgeschichte noch spannender.

Aus getrockneten und gepressten Blättern stellen Sie ein Memory® für die Kinder her. Während die Kleinen damit spielen, betrachten und vergleichen sie die unterschiedlichen Blätter und deren Erkennungsmerkmale. Das fördert die visuelle Wahrnehmung.

Und nun wünschen wir Ihnen viel Freude mit Ihren Waldkindern!

Purzel und der sprechende Stein

In dieser kleinen Geschichte erfahren die Kinder einiges über den Wichtel Purzel, dessen Zuhause der Wald ist. Die aufgelisteten Materialien können Sie zu Hilfe nehmen, um die Geschichte damit zu begleiten und lebendiger zu gestalten. Wenn die Kinder mögen, können Sie die Materialien anschließend auch selbst zum Nachspielen benutzen.

Das brauchen Sie zum Geschichtenspielen:

- **Wichtelfigur** oder **Rollenwichtel** (s. Anleitung im Kreativangebot)
- grüne Tücher als **Wald**
- eine **Wurzel**
- braune Tücher als **Erdreich**
- eine **Teedose**
- ein Stück **Eichenrinde**
- einen **Eimer**
- eine **Laterne** (alternativ: Kerze, Teelicht o. Ä.)
- einen größeren **Stein** (auf dessen Rückseite man ein Gesicht malt, oder klebt)

*Der kleine **Wichtel Purzel** lebt im **Wald**, in einer alten **Wurzel** tief unter der **Erde**. Abends kocht er sich oft leckeren **Tee** aus Kräutern. Diese sammelt er im Wald. Eines Abends merkt er, dass seine **Teedose** leer ist.*

*„Oh je. Ich habe keine **Eichenrinde** mehr!", ruft Purzel laut. „Dann muss ich wohl noch einmal zum alten Eichenbaum laufen und etwas Rinde sammeln! Ohne Eichenrinde schmeckt mein Tee nicht!"*

*Mit einem kleinen **Eimer** und der **Laterne** macht er sich auf den Weg. Schließlich erreicht er den alten **Eichenbaum**. Doch gerade, als er die Rinde sammeln will, hört er eine Stimme: „Hallo!"*

Purzel erschrickt. Da ruft es schon wieder: „Hallo, was tust du da?"

„Ist da jemand?", fragt der kleine Waldwichtel erschrocken.

„Natürlich ist da jemand!", antwortet es.

Purzel sieht sich um. „Wo bist du denn?", fragt er schließlich.

„Ich liege doch genau vor deinen Füßen!"

*Purzel leuchtet mit seiner **Laterne**, um besser sehen zu können.*

*„Ich bin ein sprechender Stein. Dreh mich doch einmal um!", bittet ein **Stein,** der vor dem Wichtel auf der Erde liegt.*

Vorsichtig dreht Purzel ihn um, und er kann es kaum glauben: Der Stein hat zwei Augen, Nase und Mund und redet tatsächlich.

„Die meisten Steine können wirklich nicht reden. Aber ich schon, wie du siehst", sagt der Stein. Dann fragt er: „Wie heißt du eigentlich, und was tust du hier mitten in der Nacht?"

„Ich heiße Purzel, und ich möchte etwas Eichenrinde für meinen Tee sammeln!", erklärt er freundlich.

„Na dann will ich dich nicht weiter stören, Purzel. Ich bin auch soooo müde und schlafe jetzt lieber ein bisschen. Gute Nacht!" Und schon macht er die Augen zu.

Und Purzel? Der sammelt schnell noch etwas Rinde für seinen Tee und macht sich dann rasch auf den Heimweg.

Purzel, der Waldwichtel

Verse sprechen, …	… Finger spielen
Im großen Wald, so wunderschön, wo die vielen Bäume steh'n,	*mit den Armen Bäume andeuten*
wohnt tief unten in einer Wurzel ein Wichtelzwerg mit Namen Purzel.	*nach unten deuten*
Er trägt eine Mütze, rot und fein, und grüne Hosen an seinem Bein.	*Mütze auf dem Kopf andeuten;* *auf die eigenen Beine deuten*
Er hat auch einen tollen Bart, der ist lang und weiß und zart.	*einen Bart am Kinn andeuten*
Und wird am Abend müd' der Purzel, schläft er ein in seiner Wurzel.	*Augen schließen und gähnen;* *den Kopf auf die gefalteten Hände legen*

Rollenwichtel

Nachdem die Kinder nun schon einiges über den Waldwichtel Purzel wissen, haben sie sicher Lust, ihren eigenen Wichtel zu gestalten, mit dem sie dann auch spielen können. Mehrere Waldwichtel, nebeneinander arrangiert, können auch eine wunderschöne Raumdekoration in Ihrer Kita sein. Drapieren Sie die lustigen Wichtel dann einfach zwischen Moos, Steinen, Rindenstücken etc. an einem zentralen Punkt in Ihrer Einrichtung, und schnell kommt eine gemütliche und märchenhafte Stimmung auf, die zum Verweilen einlädt. Sicher kommen die Kinder immer wieder gerne an diesen Ort zurück, um gemeinsam die Wichtelgeschichte zu hören oder das Fingerspiel zu sprechen.

Das brauchen Sie für den Rollenwichtel:

- eine stabile Papprolle (z.B. Küchenrolle)
- Fingerfarben
- Tonpapier (weiß, rot, schwarz, hautfarben)
- Naturmaterialien (Blätter, kleine Tannenzapfen, Erlen etc.)
- Märchenwolle
- rotes Krepppapier
- eine Schnur oder ein Band
- Pinsel
- Schere
- Locher
- Klebstoff

Die Kinder gestalten ihren Waldwichtel nach eigenen Vorstellungen.

So gestalten die Kinder ihren Rollenwichtel:

Für den Körper:

- Für den Wichtelkörper malen die Kinder eine Papppröhre mit Fingerfarbe an. Die Farbe dafür können sie sich selbst aussuchen. Sicherlich stellt sich jedes Kind das Wichtelgewand in einer anderen Farbe vor.

Für den Kopf:

- Von einem hautfarbenen Papier-Rechteck schneiden sie zwei Ecken an der schmalen Seite rund ab und verwenden es als Kopf.

Für das Gesicht:

- Für die Augen schneiden sie von einem weißen Papierstreifen zwei Stücke ab. Auf diese Stücke kleben sie dann schwarze Locherpunkte als Pupillen auf. Einen roten Papierkreis schneiden die Kinder mittig durch und verwenden eine Hälfte davon als Mund. Für die Nase können die Kleinen Naturmaterialien verwenden. Als Wichtelhaar und Bart eignet sich Märchenwolle.
- Die Einzelteile des Gesichts kleben die Kinder auf das Papier-Rechteck (Kopf). Den fertigen Kopf befestigen sie mit Klebstoff an der getrockneten Papprolle.

Für die Wichtelmütze:

- Jeder richtige Wichtel trägt natürlich eine Mütze. Das haben die Kinder im Fingerspiel bereits gelernt. Für diese schneiden sie einen breiten Streifen des roten Krepppapiers ab und kleben ihn als Wichtelmütze um die Papprolle herum. Dabei müssen Sie den Kindern helfen. Oben binden Sie das Krepppapier mit einer Schnur oder einem schönen Band zusammen. Wenn die Kinder möchten, können sie jetzt noch diverse Naturmaterialien an die Mütze stecken.

Waldkiste

Die Natur in der Kiste: Eine Kiste mit Naturmaterialien bietet zahlreiche Spiel- und Sinneserlebnisse.

Um sich ein Stück Natur ins Zimmer zu holen, eignet sich eine Waldkiste gut. In einer solchen Kiste aus Holz können Sie den Kleinen die unterschiedlichsten Naturmaterialien anbieten. Unten finden Sie eine Auswahl geeigneter Utensilien.

Das können Sie in die Waldkiste legen:

- Rinde
- Kastanien
- verschiedene Nüsse
- kleine Stöckchen
- kleine Holzscheiben
- Tannenzapfen
- ...

So spielen die Kinder mit der Waldkiste:

- Mit dieser Kiste haben die Kinder die Möglichkeit, die verschiedenen Materialien ausgiebig kennenzulernen und ihre Oberfläche zu erfühlen: Was ist rau, was fühlt sich glatt und geschmeidig an?
- Zusätzlich können sie die Naturmaterialien in kleine Körbchen einsortieren. Wie viele Nüsse sind wohl in der Kiste versteckt? Wird mein Körbchen ganz voll?
- Auf großen Rindenstücken können sie verschiedene Baumfrüchte oder Nüsse herunterrollen lassen. Welche rollen besonders gut? Welche bleiben liegen?
- Man kann den Kindern auch stabile Pappröhren zur Verfügung stellen. Hier können sie die Materialien verstecken oder sie hindurchrollen lassen. Wie hört sich das an? Hören sich die unterschiedlichen Dinge unterschiedlich an?

Blätter-Memory®

Kinder kann man mit einfachen Dingen oft begeistern. So bedarf es meist keiner teuren oder aufwändigen Spielangebote. Ein Memory® aus selbstgesammelten Blättern weckt sicher schnell das Interesse der Kleinen. Dabei können die Kinder die gepressten Blätter genauestens betrachten, während sie damit spielen. Zudem fördert das Spiel die Merkfähigkeit und Konzentration auf spielerische Weise und macht dabei jede Menge Spaß.

Das brauchen Sie für das Blätter-Memory®:

- gepresste Herbstblätter
- Tonkarton
- Schere
- Klebestift
- Folie zum Bekleben bzw. ein Laminiergerät

So gestalten Sie das Blätter-Memory®:

- Sammeln Sie mit den Kindern bei einem Ausflug oder Spaziergang bunte Herbstblätter. In dicken Büchern sollten Sie diese dann einige Tage lang pressen.
- Aus Tonkarton schneiden Sie mehrere Quadrate aus und kleben vorsichtig immer zwei gleich große Blätter einer Sorte mit einem Klebestift auf. Auf jedem Quadrat sollte nur ein Blatt befestigt werden.
- Damit die Kinder problemlos mit den Memory®-Karten spielen können, sollten Sie diese mit durchsichtiger Folie bekleben oder laminieren. Dies schützt die empfindlichen Blätter, und die Karten sind abwaschbar.
- Fertigen Sie auf diese Weise mehrere Paare an. So stellen Sie für die Kinder ein kostengünstiges und wunderschönes Memory® her. Ganz nebenbei sensibilisieren Sie bereits die Kleinsten für die unterschiedlichen Farben und Formen der Blätter.

Tipp

Falls Sie das Spiel nicht im Herbst, sondern im Frühling oder Sommer herstellen möchten, funktioniert das natürlich genauso gut mit grünen Blättern derselben Sorte.

Wenig Aufwand, große Wirkung: Ein selbstgemachtes Blätter-Memory® sensibilisiert die Kinder für unterschiedliche Blattfarben und -formen.

Der Herbst ist da!

Hoch konzentriert betrachten die Kinder das Innere des Apfels.

Es ist Herbst geworden. Bunte Blätter hängen an den Bäumen, und viele Kinder lassen ihre Drachen steigen. Der Wind weht über das Land, und morgens kann man schon den Raureif beobachten, der sich über Wiesen und Felder legt. Es wird allmählich kälter, und abends ist es nun schon früher dunkel. Doch oft bietet der Herbst noch viele sonnige Tage, an denen sich Aktivitäten im Freien anbieten. Ein Spaziergang kann zu einem tollen Erlebnis werden, bei dem die Kleinen das Spiel der Jahreszeiten wahrnehmen. Und noch etwas gibt es im Herbst: Überall wachsen köstliche Äpfel. Rote, gelbe und grüne. Schon von Weitem leuchten sie zwischen den Ästen und Zweigen der Bäume. Viele Kinder lieben es, in einen leckeren Apfel zu beißen, der süß und saftig schmeckt. Und außerdem ist er noch richtig gesund. Das nun folgende Kapitel rund um den Apfel bietet Ihnen vielfältige Angebote, bei denen die Kleinsten diese beliebte Obstsorte mit allen Sinnen kennenlernen können. Natürlich sollten Sie keine Gelegenheit auslassen, um nach draußen zu gehen, den Wind auf der Haut zu spüren, die Herbstluft zu riechen, die bunten Blätter zu sehen und vielleicht sogar einen großen Apfelbaum zu besuchen – das anschließende Apfelessen natürlich mit inbegriffen.

In einer Herbstgeschichte zum Einstieg erfahren die Kinder etwas über die Besonderheiten dieser Jahreszeit und lernen den Apfel als typische Herbsterscheinung kennen.

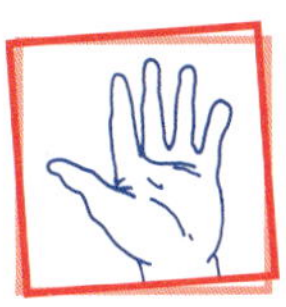

Ein Fingerspiel zum Apfelbaum fördert die Feinmotorik und erweitert den Wortschatz der Kleinen.

Natürlich lassen sich Äpfel auch gestalterisch prima umsetzen. Dabei schärfen die Kinder ihren Blick für die äußere Erscheinung dieser Frucht und erproben mit dem Apfelwurmdruck überdies eine neue Gestaltungstechnik.

Ein Lied zum Mitsingen und Mitmachen fördert nicht nur den Sprachrhythmus und die Begriffsbildung, sondern involviert die Kinder mit dem ganzen Körper, wenn sie die Apfelernte pantomimisch nachspielen.

Natürlich sollten die Kinder einen Apfel einmal ganz genau unter die Lupe nehmen. Sie betrachten, erfühlen und erkunden ihn mit allen Sinnen. Das fördert die Begriffsbildung und Sensibilisierung. Und ein leckeres, selbstgemachtes Apfelmus bietet einen schönen, genussvollen Abschluss afür dieses Apfelprojekt.

Wir wünschen Ihnen wunderschöne Herbsttage mit vielen bunten Ideen und sinnlichen Erlebnissen!

Der Apfelwurm im Apfelhaus

Diese lustige Geschichte können Sie den Kindern als Einstimmung auf einen schönen Herbstspaziergang erzählen. Machen Sie einen Spaziergang über eine Streuobstwiese, vorbei an Apfelbäumen, haben die Kleinen sicher große Freude daran, heruntergefallene Äpfel zu sammeln. Vielleicht entdecken sie hierbei ja auch den einen oder anderen Apfelhausbewohner … Natürlich können Sie diese Geschichte auch mit den Utensilien aus der Materialliste begleiten und nachspielen.

Das brauchen Sie zum Geschichtenspielen:

- buntes Papier für die **Bäume**
- ein paar **Äpfel**, einer davon sollte dick und rot sein
- gelbes Papier als **Sonne**
- blaue Tücher für den **Himmel**
- **bunte Herbstblätter** (ggf. auch aus Papier)
- grüne Tücher als **Gras**
- einen **Papierdrachen**
- eine **Puppe** als Lilly
- einen **Weingummi-Wurm**, den Sie vorab in dem Apfel präparieren

Es ist Herbst. Überall an den ***Bäumen*** *wachsen* ***Äpfel****. Rote, gelbe und grüne. Dicke und dünne, große und kleine. Die* ***Sonne*** *scheint warm am* ***blauen Himmel****. Ein leichter Wind weht, und etliche* ***bunte Blätter*** *fallen ins* ***Gras****. Viele Kinder sind auf den Wiesen und Feldern mit ihren Eltern unterwegs. Sie lassen im Herbstwind ihre* ***Drachen*** *steigen.*
Ein ***kleines Mädchen*** *hüpft fröhlich durch das Gras, als es vor einem großen Baum stehen bleibt. „Oh, der hat aber viele Äpfel!“, staunt das Mädchen. „Kommst du, Lilly?“, ruft ihre Mama ihr zu. „Ja, gleich!“ Sie schaut hinauf zu den Äpfeln, die rot in der Sonne leuchten. Schnell streckt sie ihre Arme aus, versucht, zu hüpfen und zu springen, aber die leckeren Äpfel hängen einfach zu hoch. „Schade!“, denkt sie und will sich gerade umdrehen und zu ihrer Mama zurücklaufen. Da weht auf einmal ein kräftiger Wind über die Wiesen und Felder. Er rüttelt und schüttelt die Äste und Zweige der Bäume hin und her. Ein* ***dicker roter Apfel*** *fällt auf einmal vom Baum herunter. Schnell streckt Lilly ihre Arme aus, um ihn aufzufangen. „Plumps“, macht es, und er liegt unversehrt in ihren Händen. „Oh, ist der schön. Der schmeckt bestimmt lecker!“, denkt Lilly und will schon hineinbeißen, als plötzlich jemand seinen Kopf herausstreckt. „Huch?“, ruft sie verwundert. „Wer bist du denn?“ Es ist ein kleiner* ***Wurm****, der wohl in dem Apfel wohnt. Mit großen Augen sieht er Lilly an, die den Apfel immer noch dicht vor ihrem Mund hält. „Entschuldigung, kleiner Kerl. Ich wusste nicht, dass das dein Apfel ist!“ Noch immer schaut der kleine Wurm das Mädchen an. „Ich werde deinen Apfel jetzt auf den Boden legen, dann kannst du weiterschlafen in deinem Apfelhaus!“ Dann legt sie ihn vorsichtig ins Gras.*
„Lilly, kommst du? Ich habe einen Apfelbaum entdeckt, und es liegen ganz viele Äpfel auf der Erde. Und die haben nicht mal Löcher. Komm, wir suchen uns welche aus!“, ruft ihre Mutter ihr zu. „Ich komme, Mama!“ Dann bückt sie sich und legt den Apfel ins Gras. „Mach's gut, kleiner Apfelwurm!“, sagt sie noch, und schon rennt sie los zu ihrer Mama.

Der Apfelbaum

Verse sprechen, …	… Finger spielen
Im Garten hinter einem Zaun,	*mit den Armen einen Kreis formen (Garten)*
da steht ein großer Apfelbaum.	*die Finger spreizen (Apfelbaum)*
Hat viele Äste und einen Stamm	*mit der anderen Hand auf die einzelnen Finger (Äpfel) zeigen*
und viele gute Äpfel dran.	*ausladende Armbewegungen machen*
Doch leider hängen sie zu hoch, ich komm nicht dran, was mach ich bloß?	*hochhüpfen und versuchen, Äpfel zu pflücken*
Da kommt der große Pustewind und wackelt an dem Baum geschwind.	*mehrmals fest pusten*
Da fallen alle Äpfel ab, ich hol sie mir und ess mich satt.	*pantomimisch Äpfel aufsammeln und essen*

Papierapfel mit Wurmdruck

Die Kinder gestalten einen Apfel aus Tonpapier. Sie wählen dabei zwischen möglichen Farben aus und können ihren Apfel gelb, rot oder grün gestalten. Vielleicht wollen sie aus den vielen Papieräpfeln auch einen großen Apfelbaum gestalten. Dazu befestigen Sie an den fertigen Äpfeln eine Schnur und hängen sie an einen Deckenzweig. In der Herbstzeit kommen die Kleinen hier bestimmt gerne zum Lesen, Erzählen und Spielen zusammen. Für alle Kinder, in deren Apfel auch noch ein Apfelwurm wohnen soll, bietet sich die Variante zum Gestalten mit Fingerfarbe an.

Das brauchen Sie für den Apfel:

- Tonpapier (gelb, rot, grün, braun)
- Schere
- Klebstoff

So gestalten die Kinder ihren Apfel:

➤ Die Kinder schneiden an einem roten Tonpapier-Quadrat alle Ecken rund ab. Für das Blatt schneiden sie an einem grünen Papier-Rechteck beide Seiten spitz zu. Für den Stiel schneiden die Kleinen von einem braunen Tonpapierstreifen ein Stück ab. Schließlich setzen sie noch alle Teile des Apfels mit Klebstoff zusammen.

Variante:

Wer möchte, kann auf seinen Apfel auch noch einen lustigen Wurm drucken.

Dazu brauchen Sie folgende Materialien:

- rosafarbene Fingerfarbe
- Pinsel
- Korken
- Tonpapier (schwarz)
- Locher
- Klebstoff

➤ Die Kinder streichen etwas Fingerfarbe mit dem Pinsel auf den Korken und drucken diesen dann auf die Stelle am Apfel, wo sie ihren Wurm platzieren möchten. Diesen Vorgang wiederholen sie einige Male, indem sie die Abdrücke dicht nebeneinander setzen, bis ein Wurm entstanden ist. Natürlich sollten Sie den Kindern helfen, den Korken zu platzieren, damit der Wurm in einem Stück entsteht. Zum Schluss kleben die Kleinen noch zwei schwarze Locherpunkte als Augen auf, und fertig ist der Apfelwurm.

Aus einfachen geometrischen Formen gestalten die Kinder ihren Herbstapfel.
Und wer noch ein besonderes Highlight hinzufügen möchte, druckt einfach einen Apfelwurm dazu.

1, 2, 3, ihr Kinder kommt herbei!

Melodie: traditionell; „A, B, C, die Katze lief im Schnee" **Text:** Beate Vogel

2.
1, 2, 3, ihr Kinder, kommt herbei!
Dann steigen wir auf eine Leiter,
immer höher, immer weiter.
1, 2, 3, ihr Kinder, kommt herbei!

3.
1, 2, 3, ihr Kinder, kommt herbei!
Alle, die nicht oben pflücken,
müssen sich am Boden bücken.
1, 2, 3, ihr Kinder, kommt herbei!

4.
1, 2, 3, ihr Kinder, kommt herbei!
Der Korb ist voll, könnt ihr es sehn?
Drum lasst uns schnell nach Hause gehn.
1, 2, 3, ihr Kinder, kommt herbei!

Tipp

Sie können das Lied nicht nur im Sitzkreis singen, sondern auch eine kleine Bewegungsanregung daraus machen. Dazu stehen die Kinder im Kreis und führen zu jeder Strophe passende Bewegungen aus.

1. Strophe: Die Kinder gehen im Kreis umher und beschatten mit der Hand die Augen, um nach den Äpfeln Ausschau zu halten.
2. Strophe: Alle steigen pantomimisch auf eine Leiter.
3. Strophe: Die Kleinen heben pantomimisch Äpfel vom Boden auf und legen sie in einen imaginären Korb.
4. Strophe: Gemeinsam schauen sie in den Korb und gehen dann weiter im Kreis umher.

Apfelkunde und Apfelmus

Vom Apfel zum Apfelmus: kleine kulinarische Apfelkunde mit allen Sinnen.

Apfelkunde

Gerade im Herbst, wenn an den Bäumen leckere, saftige Äpfel wachsen, bietet es sich an, diese mit den Kindern einmal genauer zu betrachten und über ihr Aussehen, ihre Form und Oberfläche zu sprechen. Was ist alles dran an so einer Frucht? Da ist zum Beispiel ein Stiel, der dafür sorgt, dass der Apfel am Baum hängen bleibt. Dieser ist sehr stabil, auch, wenn er nur ganz dünn und kurz ist. Man kann den Apfel an seinem Stiel festhalten und hochheben, ohne dass dieser abreißt. Lassen Sie das die Kinder ruhig auch selbst einmal ausprobieren.

Das Interessanteste an einem Apfel ist natürlich die Frucht selbst. Schneiden Sie den Apfel in der Mitte durch, und lassen Sie die Kleinen nachsehen, was sich im Inneren verbirgt. Viele braune Kerne sind dort zu finden. Aus ihnen kann ein neuer Apfelbaum entstehen, wenn man die Kerne in die Erde pflanzt. Die Kinder dürfen die kleinen Kerne vorsichtig aus dem Gehäuse herausholen.

Lassen Sie die Kinder an dem aufgeschnittenen Apfel einmal riechen und den frischen, saftigen Duft einatmen. Bestimmt bekommen alle sofort Lust, hineinzubeißen. Jetzt ist es an der Zeit, ein leckeres Apfelmus gemeinsam zuzubereiten.

Apfelmus selber machen

Apfelmus können Sie auch leicht selber machen. Für etwa 10 Kinder brauchen Sie die folgenden Zutaten:

Das brauchen Sie:

- 1 kg Äpfel (oder für jedes Kind einen kleinen Apfel)
- ein Messer
- 0,5 l Wasser
- nach Bedarf: Zitronensaft und Zucker
- einen Topf
- einen Pürierstab

So geht es:

- Die Kinder waschen die Äpfel gründlich. Schälen Sie die Äpfel, und entfernen Sie das Kerngehäuse.
- Danach schneiden die Kleinen die Äpfel in Stücke und geben sie in einen Topf. Dabei benötigen sie natürlich Ihre Hilfe. Nun können sie Zitronensaft und Wasser darübergießen und lassen alles zusammen weich kochen. Die Garzeit beträgt je nach Größe der Stücke 10–15 Minuten. Mit einem Pürierstab pürieren Sie das gekochte Obst und rühren nach Bedarf noch etwas Zucker unter.
- Ist das Mus erkaltet, können die Kinder das leckere Aroma riechen, welches es verströmt. Jetzt helfen alle mit, den Tisch schön zu decken, und dann können sie ihr Apfelmus gemeinsam genießen.

Hell, Dunkel, Licht und Schatten

Liebevoll gestaltete Kulisse zum Geschichtenspielen: Die Lichtfee Felicitas erhellt die Nacht.

Die kalte Jahreszeit hat begonnen. Die Tage werden allmählich kürzer, es wird früher dunkel, und die Aktivitäten finden nun verstärkt drinnen statt. Während es draußen kühl und dunkel ist, ist es im Haus warm, hell, heimelig und gemütlich. Schon die Kleinsten genießen diese Atmosphäre sehr. Sie spüren, wie sich zum Beispiel die Stimmung verändert, wenn Sie zum Essen eine Kerze anzünden. Das warme Licht verströmt aber nicht nur eine angenehme Stimmung, sondern es ist auch im Hinblick auf das Thema „Hell und Dunkel“ oder „Licht und Schatten“ ein interessantes und spannendes Erfahrungsfeld für große und kleine Entdecker. Gerade in der Herbst- und Winterzeit spielt diese Veränderung im Tagesablauf eine wichtige Rolle. So liegt es jetzt nahe, dieses Thema mit den Kleinsten einmal bewusster zu erleben. Mit tollen Anregungen, für die es ganz wenig Aufwand bedarf, ist diese Thematik bereits mit Kindern unter 3 Jahren gut umsetzbar.

In einer Geschichte lernen die Kinder die Lichtfee Felicitas kennen und erfahren, dass sowohl das Helle als auch das Dunkle seine reizvollen Seiten haben kann und jedes auf seine Weise einzigartig ist.

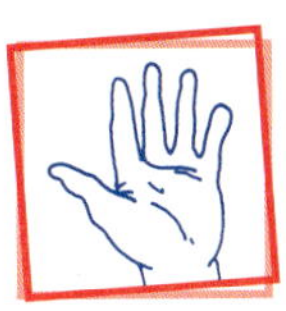

In einem Fingerspiel begegnen die Kleinen erneut der Lichtfee Felicitas. Diesmal können Sie in ihre Rolle schlüpfen, sich mit ihr am Licht erfreuen und ihre Freude mit dem ganzen Körper ausdrücken.

Die Kinder gestalten ein Feenlicht, welches die dunkle Jahreszeit in gemütlichen Stunden erhellt, und spüren die angenehme Wärme, die davon ausgeht.

Ein einfaches Lied verdeutlicht den Unterschied von Tag und Nacht, von Hell und Dunkel und greift noch einmal die Erfahrungen der Kinder aus dem Alltag auf.

Bei einem Schatten-Memory® können die Kleinen den wesentlichen Unterschied zwischen Hell und Dunkel feststellen und den Effekt, den Helligkeit und Dunkelheit auf die Wirkung der Gegenstände haben, spielerisch erleben.

Wunderschöne, besinnliche und erhellende Momente wünschen wir Ihnen mit Ihren Kindern bei den Angeboten in diesem Kapitel!

Die kleine Lichtfee Felicitas

In dieser kleinen Geschichte lernen die Kinder die Lichtfee Felicitas kennen, die sich vor der dunklen Nacht fürchtet, weil sie ihr fremd und unheimlich erscheint bis der freundliche Igel Isidor ihr die schönen Seiten der Nacht zeigt und ihr die Angst davor nimmt. Mit wenigen einfachen Materialien können Sie die Geschichte begleiten und so lebendiger wirken lassen.

Das brauchen Sie zum Geschichtenspielen:

- **Lichtfee** (siehe Kreativangebot)
- grüne Tücher für die **Wiese**
- eine gelbe **Papiersonne**
- Watte/weißes Papier o.Ä. für die **Wolken**
- blaue Tücher für den **Himmel**
- **echte Blumen** (alternativ: Papierblumen)
- **echte Blätter** (alternativ: aus Papier, Filz o.Ä.)
- **Papierschmetterlinge** (alternativ: aus Legematerial)
- dunkelblaue und schwarze Tücher für die **Nacht**
- einen **Plüschigel** (alternativ: Papierigel)
- einen gelben **Papiermond** und gelbe **Papiersterne**
- eine Taschenlampe zum An- und Ausschalten für die **Glühwürmchen**

*Die kleine **Lichtfee** Felicitas fliegt über die **Wiese**. Die **Sonne** leuchtet und scheint warm auf die Erde. Viele weiße **Wölkchen** tanzen am blauen **Himmel** umher. Felicitas gefällt es am hellen Tag. Überall gibt es so viel zu entdecken. Hier wachsen bunte **Blumen**, dort tanzen **Blätter** in allen Farben im Wind. „Wie schön es heute ist!", ruft sie und lacht. Dabei fliegt sie auf eine Blume und setzt sich oben in die Blüte hinein. Viele **Schmetterlinge** fliegen an ihr vorbei. „Hallo!", ruft Felicitas ihnen zu, und die Schmetterlinge tanzen um die kleine Fee herum. Den ganzen Nachmittag liegt die Lichtfee in der Blüte und träumt vor sich hin. Die Sonne kitzelt ihre Nasenspitze, und sie ist glücklich. Doch irgendwann geht auch der schönste Tag zu Ende … Die Sonne geht unter, und allmählich wird es dunkel. Felicitas fängt an, zu frieren. „Oh je, es ist **Nacht** geworden!", ruft sie erschrocken. Sie mag die Nacht nicht. Es ist dunkel und kalt, wenn keine Sonne scheint. Die Wiese ist leer. Und als dann noch dichter Nebel aufzieht, bekommt die kleine Fee Angst. „Jetzt muss ich schnell nach Hause!", sagt sie und fliegt von der Blume herunter.*
*Plötzlich raschelt es neben ihr im dichten Laub. „Wer ist da?", flüstert Felicitas erschrocken. Da kommt ein **Igel** herausgekrochen. „Keine Angst! Ich bin es: Isidor Igel", stellt er sich vor. „Hallo. Ach, ich habe keine Angst vor dir, lieber Igel. Ich fürchte mich vor der Nacht!", erklärt sie ihm.*
„Aber wieso hast du denn Angst vor der Nacht? Sie ist doch sooo schön!", schwärmt der Igel.
„Ist sie nicht. Sie ist dunkel und kalt. Und man ist alleine!", antwortet Felicitas. „So ein Unsinn. Die Nacht ist wunderschön. Du musst nur genauer hinsehen!"
*Und genau in diesem Augenblick verschwindet der Nebel, und die beiden können den **Mond** und die Sterne sehen, die wie kleine Laternen am Himmel funkeln. Plötzlich leuchtet es neben der Fee, und ein kleines Licht tanzt hin und her.*
*„Es ist ein **Glühwürmchen**!", lacht sie. „Schau nur, wie es leuchten kann!" Auf einmal raschelt und krabbelt, knistert und knackt es. Überall ist Leben: Käfer, Rehe, Kaninchen und Füchse sind munter. Auf einem Baum leuchten die Augen einer Eule. Auch andere Glühwürmchen sieht Felicitas durch die Luft fliegen. „Wie schön es bei Nacht ist!", staunt die kleine Lichtfee.*
„Na, habe ich dir zu viel versprochen?", will Isidor wissen.
„Nein. Ganz und gar nicht. Und ich finde, beides ist wunderschön: der Tag und die Nacht. Jedes auf seine Weise. Und es ist schön, zu wissen, dass man nie ganz alleine ist, egal, ob bei Tag oder bei Nacht!"

Feentanz

Verse sprechen, …	… Finger spielen
Die kleine Fee Felicitas hat heute eine Menge Spaß.	*mit Daumen und Zeigefinger „klein“ darstellen*
Sie fliegt mal hier und fliegt mal dort, und plötzlich ist sie wieder fort.	*mit den Armen Flugbewegungen machen;* *die Arme hinter dem Rücken verschwinden lassen*
Dann tanzt sie lustig ringsumher, dreht sich im Kreis, das mag sie sehr.	*sich im Kreis drehen*
Leuchten Sterne in der Nacht, ist die Lichtfee aufgewacht.	*die Finger als Sterne „blinken“ lassen;* *sich strecken und gähnen*
Fliegt dann überall umher, denn das fällt ihr gar nicht schwer.	*mit den Armen pantomimisch fliegen*
Sie fliegt dann noch auf einen Baum, ich glaub, die Fee war nur ein Traum.	*ausladende Handbewegung machen*

Feenlicht

Dieses wunderschöne Feenlicht taucht jeden Raum in ein angenehm warmes Licht. Und besonders in der kalten Jahreszeit schaffen Kerzen eine gemütliche Atmosphäre und laden zum Beisammensitzen ein. Noch schöner ist es natürlich, wenn die Kinder selbst für ihre Gemütlichkeit sorgen können, indem sie mit einfachen Mitteln ihr eigenes Feenlicht gestalten. Sind Kerzen oder andere brennbare Materialien im Raum, muss grundsätzlich ein Erwachsener dabei sein!

Das fertige Feenlicht schafft eine heimelige Atmosphäre und sieht obendrein noch sehr dekorativ aus.

Das brauchen Sie für das Feenlicht:

- Tonpapier (hautfarben, blau, schwarz, lila, rot)
- Märchenwolle
- blaues Laternenpapier (alternativ: dickes, schwer entflammbares Transparentpapier)
- ein kleines Glas (z.B. Babynahrung)
- Glitzerpapier
- ein Teelicht
- Schere
- Klebstoff
- Locher

So gestalten die Kinder ihr Feenlicht:

Für den Kopf und das Gesicht:

➤ Bereiten Sie ein hautfarbenes Tonpapier-Rechteck vor, an welchem die Kinder alle vier Ecken rund abschneiden. Von einem blauen Papierstreifen schneiden die Kinder zwei Stücke ab und verwenden sie als Augen. Als Pupillen kleben sie schwarze Locherpunkte auf. Dann schneiden die Kinder einen kleinen lilafarbenen Papierkreis mittig durch und verwenden eine Hälfte als Mund. Ein roter Locherpunkt dient als Nase. Nun setzen die Kleinen alle Teile als Gesicht zusammen und kleben sie auf den Kopf. Für die Haare bringen sie etwas Märchenwolle am Kopf an.

Für den Körper:

➤ Den nächsten Arbeitsschritt sollten Sie selbst durchführen. Schneiden Sie für den Feenkörper ein genügend großes Laternenpapier-Rechteck zurecht, und kleben Sie es so zusammen, dass es genau um das Glas passt, welches Sie ausgewählt haben. Wichtig ist hierbei, dass der Körper eine ausreichende Höhe hat, damit die Haare später auf keinen Fall in die Flamme des Teelichts geraten können. Helfen Sie den Kindern anschließend dabei, den Kopf auf dem Körper zu fixieren.

Für die Feenflügel:

➤ Bereiten Sie aus dem Glitzerpapier zwei Rechtecke vor. Die Kinder dürfen dann alle Ecken der Rechtecke rund abschneiden und diese als Flügel von hinten an den Feenkörper kleben. Jetzt fehlt nur noch das Teelicht im Glas, und fertig ist das Feenlicht. Sowohl unbeleuchtet als auch beleuchtet ist es ein toller Blickfang in jedem Zimmer.

Tipp

Wenn die Kinder für jede Fee eine andere Haarfarbe wählen, herrscht in ihrem heimeligen Feenreich eine noch größere Farbenvielfalt.

Kommt der Abend, kommt die Nacht

Melodie: traditionell; „Auf der Mauer, auf der Lauer“ **Text:** Beate Vogel

2.

Kommt der Abend, kommt die Nacht, dann wird es langsam dunkel.
Kommt der Abend, kommt die Nacht, kann man fast gar nichts sehen.
Doch sieh’ dir mal den Mond an, wie er prima leuchten kann.
Kommt der Abend, kommt die Nacht, kann man fast gar nichts sehen.

3.

Kommt der Abend, kommt die Nacht, dann wird es langsam dunkel.
Kommt der Abend, kommt die Nacht, kann man fast gar nichts sehen.
Sieh’ dir mal das Würmchen an, wie das Würmchen leuchten kann.
Kommt der Abend, kommt die Nacht, kann man fast gar nichts sehen.

4.

Kommt der Morgen, kommt der Tag, dann wird es langsam heller.
Kommt der Morgen, kommt der Tag, kann alles man gut sehen.
Sieh’ dir mal die Sonne an, wie die Sonne leuchten kann.
Kommt der Morgen, kommt der Tag, kann alles man gut sehen.

Schatten-Memory®

Bei diesem Spiel können die Kinder erleben, wie sich Gegenstände bei Tag und bei Nacht verändern: Wenn es hell ist, erscheint alles um uns herum bunt und farbenfroh. Doch sobald es dunkel ist, ändert sich dies. Dann sehen alle Dinge in unserer Umwelt schwarz aus, und man kann nur noch Umrisse erkennen. Die Details, die man bei Tage ganz genau erkennen konnte, werden in der Nacht nahezu unsichtbar. Diese Veränderung selbst zu beobachten, ist für die Kleinen sehr spannend. Sie lässt sich ganz einfach anhand eines selbstgemachten Spiels verdeutlichen. Alles, was Sie dafür benötigen, finden Sie in der Materialliste.

Das brauchen Sie für das Schatten-Memory®:

- dicken Tonkarton zum Aufkleben der Motive
- Tonpapier in verschiedenen Farben
- Schere
- Klebstoff
- einen Bleistift
- eventuell Folie zum Bekleben

Einfache Licht-Schatten-Motive regen die Kinder zum genauen Betrachten an.

So gestalten Sie das Schatten-Memory®:

- Schneiden Sie aus dickem Tonkarton quadratische Spielkarten zurecht. Nun wählen Sie einfache Motive aus der Lebenswelt der Kinder aus, welche diese kennen und auch mit Namen benennen können, z.B. Haus, Blume, Fisch o.Ä. Achten Sie darauf, dass Sie nicht zu viele Gegenstände für das Spiel verwenden, da dies für die Kleinen sonst schnell unübersichtlich werden kann.
- Basteln Sie zunächst das bunte Motiv für die jeweiligen Gegenstände, und kleben Sie diese anschließend zusammen. Bevor Sie es jedoch auf der Spielkarte fixieren, legen Sie es zuerst noch auf schwarzes Tonpapier und zeichnen die Umrisse nach. Die Kontur schneiden Sie dann aus.
- Jetzt haben Sie zwei Varianten ihres Motivs, eine bunte und eine schwarze. Beides fixieren Sie nun jeweils auf einer Spielkarte und bekleben diese wiederum mit Folie. Auf diese Weise sind die Memory®-Karten abwaschbar und länger haltbar.
- Um jetzt ein richtiges Memory® daraus herzustellen, müssen Sie auf diese Weise noch einige weitere Kartenpaare anfertigen. Sind alle Vorbereitungen abgeschlossen, kann das Spiel beginnen. Wer findet die meisten Paare?

Bauer Paul hat einen Bauernhof

Alle Kinder lieben Tiere. Schon die Kleinsten können Kuh, Schaf und Katze mit Namen benennen oder kennen deren Laute „muh", „mäh", „miau" und ahmen diese gerne nach. Einige haben vielleicht schon einmal Ferien auf dem Bauernhof erlebt, und auch Bücher zu diesem Thema sind immer sehr begehrt. Doch auf dem Bauernhof gibt es noch weit mehr zu entdecken. Viele verschiedene Fahrzeuge und Geräte, mit denen die unterschiedlichsten Nahrungsmittel, wie Getreide und Gemüse, angebaut und geerntet werden, kann man dort bestaunen. Auf den folgenden Seiten haben wir zahlreiche Aspekte des Bauernhofes zusammengefasst, damit die Kinder möglichst viele Facetten des Landlebens erfahren können. Neben dem Kennenlernen und Basteln von Bauernhoftieren können sie auch einfache „Leckereien" zubereiten und weitere sinnliche Erfahrungen sammeln. So schön kann das Leben auf dem Land sein …

Mais – die Kinder erkunden eine besondere Bauernhofpflanze.

Anhand einer lustigen Geschichte lernen die Kinder Bauer Paul kennen und erfahren Wissenswertes aus dem Leben der Kuh Frieda.

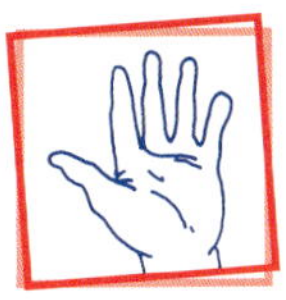

In einem Fingerspiel hören die Kleinen, wie eine Kuh ihren Tag verbringt. Dabei verbessern sie ihre motorischen Fähigkeiten und erproben ihre Sprechstimme, indem sie das „muh" in der Lautstärke variieren können und Freude am Wechsel von *laut* und *leise* erfahren.

Mit einfachen Materialien gestalten die Kinder eine lustige Kuh.

In einem Bauernhoflied lernen sie verschiedene Bauernhoftiere und deren typische „Sprachlaute" kennen.

Die Kinder erleben, wie aus Mais Popcorn entsteht.

Wir wünschen Ihnen und Ihren Kindern spannende und interessante Erlebnisse auf Bauer Pauls Bauernhof!

Auf dem Bauernhof

In dieser kleinen Bauernhofgeschichte lernen die Kinder den freundlichen Bauer Paul und seine Kuh Frieda kennen. Mit einfachen Materialien können Sie auch diese Geschichte begleiten.

Das brauchen Sie zum Geschichtenspielen:

- gelbes Papier für die **Sonne**
- eine Puppe oder Figur als **Bauer Paul**
- grüne Tücher für die **Weide**
- Papier, Holz o.Ä. für den **Traktor**
- eine **Kuh** (siehe Kreativangebot)
- **Äpfel** (echt oder aus der Kinderküche/dem Kaufmannsladen)
- eine **kleine Kiste**

*Es ist früh am Morgen, und die **Sonne** scheint schon warm auf den Bauernhof von **Bauer Paul**. Bauer Paul ist auf dem Weg zur **Weide**, wo die Kühe stehen. Mit dem **Traktor** fährt er los. Kaum bei der Weide angekommen, steht dort eine braun gefleckte **Kuh** am Zaun und wartet. „Guten Morgen, Frieda!", begrüßt sie Bauer Paul freundlich. „Wie geht es dir?" „Muhhhhh!", antwortet die Kuh und schubst ihn mit dem Kopf leicht an.*

„Du willst sicher spielen. Nicht wahr?"

„Muuuhhh!", erwidert sie.

*„Ich habe leider keine Zeit zum Spielen, Frieda. Ich habe noch eine ganze Menge Arbeit zu erledigen. Aber ich habe dir etwas mitgebracht. Sieh her!" Und dann holt er einen roten **Apfel** aus seiner Hosentasche heraus. „Hier nimm! Er wird dir sicher gut schmecken!"*

*„Muuuhhhh!", und schon verschwindet der komplette Apfel in Friedas Maul. Sie schmatzt und mampft, und man sieht ihr an, dass ihr der Apfel schmeckt. Kaum, dass sie den Apfel verspeist hat, kommen auch die anderen **Kühe** herbeigelaufen. „Muuuhhh, muuuhhh, muuuhhh!" Von überall her kommen sie: braune und weiße, gefleckte oder welche mit Punkten. Und alle wollen nur eines: einen leckeren Apfel von Bauer Paul ergattern. Zum Glück hat er eine ganze **Kiste** voller köstlicher **Äpfel** auf seinem Traktor.*

„Ihr möchtet sicher alle einen leckeren Apfel haben, nicht wahr?", fragt er seine vielen Kühe. Und sogleich verteilt er seine ganzen Äpfel. Ein Geschmatze und Gemampfe ertönt über die gesamte Weide. Bauer Paul freut sich, dass es seinen Kühen so gut schmeckt. „Jetzt muss ich aber los. Bis morgen, ihr Lieben!" Doch gerade als er sich auf den Weg machen will, schubst eine Kuh mit ihrem Fuß einen Apfel aus dem Gatter heraus, genau vor die Füße von Bauer Paul. „Muhhh!", ruft die braun gefleckte Kuh ihm zu.

„Ist der für mich, Frieda?" Sie nickt mit dem Kopf, als würde sie verstehen, was er sagt. „Danke. Das ist sehr lieb von dir!", antwortet Bauer Paul und streichelt ihr mit der Hand über den Kopf. Mit dem Apfel in der Hand steigt er auf seinen Traktor und winkt den Kühen zum Abschied noch einmal zu.

Die Kuh macht „Muh!"

Verse sprechen, …	… Finger spielen
Auf der Wiese steht eine Kuh, die macht den ganzen Tag nur „muh!"	*„muh" rufen*
Sie ruft mal laut und ruft mal leis', dreht sich dabei sogar im Kreis.	*erst laut, dann leise „muh" rufen;* *sich im Kreis drehen*
Sie streckt den Kopf ganz weit empor und ruft noch lauter als zuvor.	*den Kopf nach oben strecken;* *ganz laut „muh" rufen*
Dann duckt sie sich und macht sich klein und ruft ganz leise, so soll es ein.	*sich ducken und klein machen;* *leise „muh" rufen*
Nun legt sie sich ins Gras hinein, macht zu die kleinen Äugelein.	*sich hinlegen* *die Augen schließen*
Sie flüstert leise, damit sie keinen stört, „muh, muh, muh" – habt ihr's gehört?	*leise „muh" flüstern*

Frieda, die Kuh

Frieda, die Papierkuh, besteht aus einfachen geometrischen Formen.

Diese gefleckte Kuh können die Kinder aus wenigen Dingen ganz einfach selbst herstellen.

Das brauchen Sie für die Kuh:

- Tonpapier (schwarz, weiß)
- einen schwarzen Pfeifenreiniger
- Schere
- Klebstoff
- Locher

So gestalten die Kinder ihre Kuh:

Für den Kopf:

- Die Kinder schneiden ein schwarzes Papier-Rechteck zu. An einem kleineren weißen Rechteck schneiden sie alle vier Ecken rund ab und verwenden es als Mund. Als Nasenlöcher kleben sie zwei schwarze Locherpunkte auf. Für die Augen schneiden die Kinder zwei Stücke von einem weißen Papierstreifen ab und bringen darauf schwarze Locherpunkte als Pupillen an. Dann schneiden sie ein kleines schwarzes Papier-Quadrat diagonal durch und verwenden beide Hälften als Ohren.
  Zum Schluss setzen die Kinder die Einzelteile des Gesichts mit Klebstoff zusammen.

Für den Körper:

- Bereiten Sie ein schwarzes Papier-Rechteck vor, von dem Sie eine Ecke abschneiden. Hier stanzen Sie mit dem Locher (alternativ: Lochzange) ein Loch und bringen ein Stück des Pfeifenreinigers als Schwanz an. Für die Flecken schneiden die Kinder einfach mehrere Stücke eines weißen Papierstreifens ab und kleben sie auf den Körper.

Für die Beine:

- Die Kinder schneiden vier Stücke eines schwarzen Papierstreifens ab und bringen sie auf der Rückseite des Körpers an.
  Zuletzt setzen sie alle Einzelteile der Kuh mit Klebstoff zusammen.

Auf dem Bauernhof ist was los

Melodie: volkstümlich aus Schlesien; „Ein Vogel wollte Hochzeit machen" **Text:** Beate Vogel

2.

Das Huhn, es gackert aufgeregt,
es hat heut' schon ein Ei gelegt.
Gack, gack, gack, gack, gack – Gack, gack, gack, gack, gack – Gack, gack, gack, gack, gack, gack, gack.

3.

Da draußen steht die braune Kuh,
sie frisst viel Gras, macht manchmal „muh!"
Muh, muh, muh, muh, muh – Muh, muh, muh, muh, muh – Muh, muh, muh, muh, muh, muh, muh.

4.

Das kleine Schaf will seine Ruh'
und macht ganz sacht die Augen zu.
Mäh, mäh, mäh, mäh, mäh – Mäh, mäh, mäh, mäh, mäh – Mäh, mäh, mäh, mäh, mäh, mäh, mäh.

5.

Nun wird es still im Bauernhaus,
es ist schon spät, das Lied ist aus.
Ja, das Lied ist aus, ja das Lied ist aus, und wir gehen jetzt nach Haus'.

Vom Mais zum Popcorn

Auf dem Bauernhof wachsen die unterschiedlichsten Nahrungsmittel, ganz gleich, ob es sich um Getreide oder Gemüse handelt. Viele Kinder kennen Popcorn. Wie jedoch eine Maispflanze aussieht, wissen die wenigsten. In der nun folgenden Sachbetrachtung können die Kleinen hautnah miterleben, wie aus einzelnen Maiskörnern leckeres selbstgemachtes Popcorn entsteht.

Das brauchen Sie:

- einen Maiskolben
- ein Tuch
- ein Päckchen Maiskörner
- eine Pfanne mit Deckel
- etwas Öl
- etwas Zucker oder Puderzucker

So geht es:

- Besonders schön ist es, wenn man den Kindern einen Maiskolben zeigen kann, der noch Blätter hat. Verstecken Sie diesen zunächst unter einem Tuch, und die Kleinen dürfen ertasten, um was es sich wohl handeln könnte. Wie fühlt sich der Gegenstand an? Ist er hart oder weich? Rau oder zart?
- Ist das Geheimnis gelüftet, beseitigen Sie die vielen Blätter langsam. Dabei können die Kleinen gut mithelfen. Doch was ist das nur für ein sonderbarer Gegenstand? Eine Gurke?
- Man könnte nun den Maiskolben kochen und anschließend gemeinsam essen. Spannend ist es aber auch, Popcorn herzustellen. Denn es ist immer wieder faszinierend, wenn die kleinen Maiskörner aufplatzen, und das beliebte Popcorn entsteht. Am besten kaufen Sie bereits Maiskörner ein. So können Sie den Kindern zeigen, dass es dieselben Körner sind wie die, welche am Maiskolben wachsen.
- Alles, was man jetzt noch braucht, ist eine Pfanne mit Glasdeckel und etwas Öl. Geben Sie die Maiskörner in die mit Öl versehene Pfanne, und setzen Sie den Deckel darauf, damit die Körner nicht heraushüpfen können. Jetzt heißt es abwarten …
- Es dauert auch gar nicht lange, und die Maiskörner platzen auf. In der Pfanne hüpfen sie herum, und es knallt dabei. Die Kinder werden dieses Schauspiel sicher fasziniert beobachten. Achten Sie aber unbedingt darauf, dass die Kleinen genügend Abstand zur heißen Herdplatte haben und sich nicht verbrennen können.
- Ist das Popcorn abgekühlt, kann man noch Zucker/Puderzucker darüberstreuen, und dann dürfen alle von dem Popcorn naschen.

Ein Anlass zum Sehen, Hören und Staunen: Die Kinder verfolgen gespannt die Veränderung vom Mais zum Popcorn.

Sankt Martin

Ein kleines Martinsarrangement erinnert an die Martinslegende.

Jedes Jahr im November wird das Martinsfest gefeiert. Dabei erinnern wir uns an den heiligen Martin, der selbstlos seinen Mantel teilte, als er den frierenden Mann vor der Stadt sah. Einst ein Soldat, wurde er später Bischof und gilt seither als Sinnbild des Guten. Er kann Vorbild für uns sein, mit anderen zu teilen oder zu helfen. Bereits Kinder unter 3 Jahren können nachvollziehen, wie es ist, wenn jemand nichts hat, und sind meist auch bereit, mit anderen zu teilen. Ganz gleich, ob es ein Stück Brot ist, das man abgibt, oder ob man jemandem, der traurig ist, ein Taschentuch bringt und ihn tröstet.

Viele Kinder nehmen an Martinsumzügen teil. Sie laufen mit ihren Laternen durch die dunklen Straßen und singen Martinslieder. Allen voran zieht ein Pferd mit Reiter, das den Umzug anführt. Die Kleinen lieben es, durch die Straßen zu laufen, ihre leuchtenden Laternen dabei fest in der Hand haltend.

In diesem Kapitel finden Sie einige Impulse und Anregungen, um die Martinszeit gemeinsam mit den Kindern aktiv zu erleben.

Die Kleinen lauschen der Legende des heiligen Martin und hören etwas aus seinem Leben. Sie erfahren soziales Verhalten, wenn Martin seinen Mantel teilt.

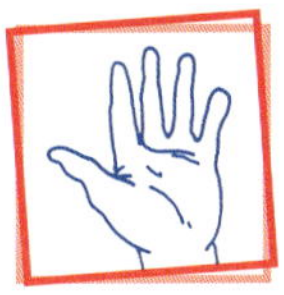

In einem Fingerspiel stellen die Kinder die Martinsgeschichte pantomimisch dar. Das fördert ihre Feinmotorik und die Begriffsbildung.

Die Kinder gestalten eine Martinsgans.

Gemeinsam mit einem Erwachsenen basteln die Kleinen eine Martinslaterne, welche sie auf einem gemeinsamen Laternenumzug leuchten sehen können.

Die Kinder singen ein traditionelles Martinslied.

Gehen Sie mit uns auf den Spuren des heiligen Martin … Wir wünschen Ihnen eine schöne Martinszeit!

Die Martinslegende

Diese Geschichte erzählt die Legende des heiligen Martin frei nach. Mit einfachen Hilfsmitteln können Sie den Text begleiten.

Das brauchen Sie zum Geschichtenspielen:

- weiße Wattepads als **Schnee**
- eine Figur (z.B. aus Papier) als **Martin**
- eine Figur (z.B. aus Papier) für den **armen Mann**
- ein **Papier- oder Spielzeugschwert**
- zwei rote Stoffstücke (z.B. Filz) als **Mantel**, die mit einem Druckknopf befestigt sind
- braune Tücher für den **Gänsestall**
- **Gänse** (siehe Kreativangebot)
- **Stroh** für Stall

Es ist Winter. Dicker ***Schnee*** *hat die Erde bedeckt, und es ist bitterkalt. Durch den tiefen Schnee reiten Männer auf ihren Pferden. Einer von ihnen heißt* ***Martin****. Er ist ein Soldat und sehr mutig. Martin trägt einen roten Mantel gegen die Kälte und hat einen Helm auf dem Kopf. Weil er ein Soldat ist, hat er auch ein Schwert bei sich. Niemand ist draußen, denn keiner will sein warmes Haus verlassen. Plötzlich stoppt Martin sein Pferd.*
„Was hast du?", fragen ihn die anderen Soldaten. „Warum bleibst du stehen?"
„Seht doch!", antwortet Martin und zeigt auf einen ***Mann****, der am Straßenrand sitzt. Er steigt von seinem Pferd und beugt sich zu dem Mann herunter. Dieser hat keine richtige Kleidung an, sondern trägt nur zerrissene Lumpen. „Ich friere so sehr. Und mir ist bitterkalt!", jammert der Mann kraftlos.*
„Komm, Martin! Lass uns weiterreiten!", rufen die anderen Soldaten ihm zu.
„Aber der arme Mann, er friert doch!", erwidert Martin und nimmt sein ***Schwert*** *zur Hand.*
„Bitte tut mir nichts!", ruft der Mann erschrocken.
Aber Martin will ihm nichts tun. Er braucht sein Schwert nicht zum Kämpfen oder um jemanden zu verletzen. Nein. Er nimmt sein Schwert, teilt seinen ***Mantel in zwei Teile*** *und gibt eine Hälfte dem armen Mann.*
„Hier, für dich. Damit du nicht mehr so frierst!", sagt er freundlich.
„Vielen Dank!", lächelt der Mann und wickelt sich in den halben Mantel. „Aber jetzt musst du ja frieren!"
„Nein, nein. Das restliche Stück ist groß genug für mich. Nun muss keiner von uns beiden frieren!", sagt Martin und reitet davon. Als er in dieser Nacht schläft, träumt er zum ersten Mal von Jesus. Er sieht ihn ganz deutlich vor sich, und er trägt den halben roten Mantel, welchen Martin dem armen Mann geschenkt hat. Im Traum spricht Jesus zu ihm:
„Du hast dem Armen geholfen und warst gut zu ihm. Was du für ihn getan hast, hast du auch für mich getan. Du bist ein guter Mensch!"
Am nächsten Tag weiß Martin, dass er kein Soldat mehr sein will. Er will nicht mehr kämpfen und nur noch Gutes tun. Dies hören auch die Menschen aus der Stadt, und sie wollen, dass er ihr Bischof wird. Aber Martin hat Angst. Weiß er doch nicht, ob er ein guter Bischof sein würde. Deshalb versteckt er sich im ***Gänsestall****. Doch kaum, dass er zwischen all den vielen* ***Gänsen*** *im* ***Stroh*** *sitzt, beginnen diese, laut zu schnattern, und die Leute finden sein Versteck. Sie sagen: „Bitte, Martin, sei unser Bischof. Du bist ein guter Mensch. Fürchte dich nicht!" Und so wird Martin dann doch Bischof.*
Und er ist der beste, den die Menschen je hatten …

Sankt Martin

Verse sprechen, …	… Finger spielen
Vor dem Tor der großen Stadt sitzt ein Mann, der gar nichts hat.	*mit den Armen einen Kreis formen;* *ausladende Handbewegung machen*
Hat kein Essen, hat kein Geld, ist allein auf sich gestellt.	*pantomimisch „Essen" und „Geld" darstellen*
Hat keine Kleider, hat Lumpen an, sitzt im Schnee, der arme Mann.	*pantomimisch „Kleider" darstellen*
Ihm ist so kalt, er friert so sehr, da kommt ein Reitersmann daher.	*frieren und zittern;* *pantomimisch reiten*
Er kann den Mann im Schnee dort sehen und bringt sein weißes Pferd zum Stehen.	*mit einer Hand die Augen beschatten;* *pantomimisch die Zügel ziehen*
Nimmt den Mantel, teilt ihn still, weil er gerne helfen will.	*pantomimisch den „Mantel" teilen*
Der arme Mann, er freut sich sehr, nun ist ihm warm, er friert nicht mehr.	*lächeln*

Martinsgans

Eine fertige Martinsgans

Das brauchen Sie für die Martinsgans:

- Tonpapier (weiß, schwarz, orange)
- weiße Federn (Hühnerfedern, Bastelfedern …)
- Schere
- Locher
- Klebstoff

So gestalten die Kinder ihre Martinsgans:

Für den Kopf:

- Bereiten Sie ein weißes Tonpapier-Quadrat vor, und schneiden Sie alle vier Ecken rund ab. Von einem schwarzen Papierstreifen schneiden die Kinder ein Stück ab, verwenden es als Auge und kleben einen weißen Locherpunkt als Pupille darauf.
- Die Kleinen schneiden ein orangefarbenes Papier-Rechteck diagonal durch und verwenden eine Hälfte als Schnabel. Anschließend müssen sie die Einzelteile des Gesichts mit Klebstoff zusammensetzen.

Für den Bauch:

- Die Kinder schneiden einen weißen Kreis mittig durch und verwenden eine Hälfte als Bauch. Mit weißen Federn bekleben sie diesen dann.
- Von einem weißen Papierstreifen schneiden sie nun ein Stück ab und kleben es als Hals zwischen Kopf und Bauch.

Für die Beine:

- Die Kinder schneiden von einem weißen Papierstreifen zwei Stücke ab. Einen kleinen orangefarbenen Papierkreis schneiden sie dann mittig durch und verwenden beide Hälften als Füße. Die Einzelteile der Beine setzen sie schließlich noch zusammen und fixieren sie mit Klebstoff am Gänsebauch.

Das Federnaufkleben macht den Kleinen besonders viel Freude.

Martinslaterne

Das brauchen Sie für die Laterne:

- blaues Laternenpapier (alternativ: dickes, schwer entflammbares Transparentpapier)
- zwei Gänse (siehe Kreativangebot)
- einen Laternenrohling (alternativ: Käseschachtel o.Ä.)
- Draht
- einen Laternenstab
- eine Kerze oder Glühlampe
- Schere
- Klebstoff

Das gemeinsame Laufen bei einem Martinsumzug ist für die Kinder ein ganz besonderes Erlebnis. Im Dunkeln können sie zusammen mit ihren Eltern und Geschwistern durch die Straßen ziehen und ihre leuchtenden Laternen bestaunen. Die Stadt, die normalerweise um diese Zeit dunkel ist, erstrahlt durch die zahlreichen bunten Laternen in einem wunderschönen Licht. Eine einzigartige Atmosphäre entsteht, welche schon die Kleinsten spüren können. Einmal im Jahr ziehen alle miteinander durch die Gassen, singen Martinslieder und hören anschließend die Martinsgeschichte. Bereits Kinder unter 3 Jahren erleben dieses Ereignis als etwas ganz Besonderes. Damit Sie gemeinsam mit den Kleinen eine zauberhafte, einfach zu gestaltende Laterne basteln können, haben wir das folgende Angebot für Sie ausgewählt.

So gestalten Sie die Laterne:

- Der erste Arbeitsschritt muss von einem Erwachsenen ausgeführt werden, damit die Laterne später genau zusammenpasst. Dazu schneiden Sie das Laternenpapier in der entsprechenden Größe zu.
- Nun benötigen die Kinder die Gans aus dem Kreativangebot, welches Sie ebenfalls in diesem Kapitel finden. Für die Laterne sollten sie die Gans zweimal herstellen. Um die Kleinen nicht zu überfordern, sollten Sie die Arbeitsschritte auf mehrere Tage verteilen. Sind beide Gänse fertig, befestigen sie diese einfach mit Klebstoff auf dem Laternenpapier.
- Das fertig gestaltete Laternenpapier kleben Sie nun mithilfe des Rohlings zusammen. Zuletzt müssen Sie noch einen Draht anbringen, an welchem später der Laternenstab hängt. Dann setzen Sie eine Kerze hinein oder befestigen eine elektrische Glühlampe darin, und fertig ist eine wunderschöne Martinslaterne.

Selbstgemachte Gänselaternen zum Martinsumzug

Ich geh mit meiner Laterne

Melodie und Text: traditionell

2.
Ich geh mit meiner Laterne
und meine Laterne mit mir.
Dort oben leuchten die Sterne,
hier unten, da leuchten wir.
Laternenlicht, verlösch mir nicht,
rabimmel, rabammel, rabumm.

3.
Ich geh mit meiner Laterne
und meine Laterne mit mir.
Dort oben leuchten die Sterne,
hier unten, da leuchten wir.
Mein Licht ist aus, wir gehen nach Haus',
rabimmel, rabammel, rabumm.

Winterzeit

Winterfreuden: Schnee mit dem ganzen Körper erleben.

Die kalte Jahreszeit hat begonnen. Es ist Winter. Der erste Schnee fällt und bedeckt Wiesen und Felder. Oft sitzen die Kinder am Fenster und beobachten die Schneeflocken, wie sie zur Erde fallen. Sie können es kaum erwarten, nach draußen zu kommen. Gerade diese Jahreszeit hat wunderschöne, faszinierende Seiten: Man kann einen Winterspaziergang unternehmen, Schlitten fahren, mit Eimer und Schaufel Schnee schippen, einen Schneemann bauen und vieles mehr. Die Natur hat sich verändert. Die Landschaft ist weiß, Vögel picken im Vogelhäuschen nach Futter, Eichhörnchen suchen nach Nüssen, und alles ist etwas stiller und verhaltener geworden als noch vor ein paar Wochen. Die Kleinen können die Veränderungen in der Natur wahrnehmen und den Schnee mit allen Sinnen erleben. Wie fühlt er sich an? Wie sieht er aus? Und auch, wenn es nicht schneien sollte, sind auf den folgenden Seiten vielerlei Ideen rund um den Winter, die man auch dann problemlos durchführen kann.

Eine kleine Vorlesegeschichte berichtet von einem gutmütigen Schneemann, der den Tieren im Wald ganz selbstlos hilft.

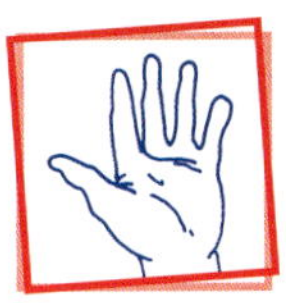

In einem Fingerspiel verbessern die Kinder ihre feinmotorischen Fähigkeiten, indem sie imaginären Schnee niederrieseln lassen. Gedanklich stimmen sie sich auf die Atmosphäre einer Winterlandschaft ein und erfahren, was passiert, wenn die Sonne auf den Schnee scheint.

Die Kinder gestalten ihren eigenen Schneemann, den man als Winterdekoration am Fenster arrangieren kann. Sehr schön sieht es auch aus, wenn man mehrere davon nebeneinander befestigt.

Ein fröhliches Winterlied lädt zum Mitsingen ein und macht Lust aufs Schneemannbauen.

Vielfältige Bewegungsimpulse fördern die Motorik und sorgen für jede Menge Spaß, wenn die Kinder es erst schneien lassen und nachher als Räumdienst Schnee schippen können.

Wir wünschen Ihnen eine tolle Winterzeit! Und steht kein echter Schnee zur Verfügung, stellen Sie ihn gemeinsam mit den Kindern doch einfach selbst her …

Der gute Schneemann

Dies ist eine wunderbare Geschichte vom Einander-Helfen bzw. Füreinander-da-Sein. Sie können diese mit den Dingen aus der Materialliste begleiten. Besondere Freude macht die Erzählung den Kleinen, wenn Sie diese an einem verschneiten Tag als Einstimmung auf ein gemeinsames Schneemannbauen hören. Bestimmt haben die Kinder anschließend große Lust, ihren eigenen Schneemann mit Karotte, Nüssen, Sonneblumenkernen und einem altem Hut zu bauen.

Das brauchen Sie zum Geschichtenspielen:

- weiße Locherpunkte als **Schneeflocken**
- grüne und braune Tücher als **Wald und Felder**
- eine Figur als **Junge**
- einen **Schneemann** aus Papier
- zwei **Nüsse**
- eine **Karotte**
- **Sonnenblumenkerne**
- einen **Hut**
- **Mond** und **Sterne** aus Papier
- blaue Tücher für den **Himmel**
- einen **Hasen,** einen **Vogel** und ein **Eichhörnchen** aus Plüsch oder Papier
- einen **Baum** aus Papier
- einen **Stock**
- zwei **Steine**
- **Tannenzapfen**

Es ist Winter. Der erste ***Schnee*** *hat sich über Wald und Felder gelegt. Viele Schneeflöckchen tanzen in der Luft. Auf einer Wiese nahe dem Waldrand ist ein kleiner Junge damit beschäftigt, einen* ***Schneemann*** *zu bauen. Eifrig formt er zunächst einen Bauch, dann den Kopf. Für die Augen nimmt er* ***zwei große Nüsse****, die Nase ist eine* ***Karotte****, und als Knöpfe benutzt er viele kleine* ***Sonnenblumenkerne****. Zuletzt setzt er ihm einen alten* ***Hut*** *auf den Kopf. „So, fertig!", sagt der Junge zufrieden und macht sich auf den Heimweg. Denn es ist schon spät.*

Alsbald leuchtet der ***Mond*** *am nächtlichen* ***Himmel****, und die* ***Sterne*** *strahlen um die Wette. Plötzlich raschelt es dicht neben dem Schneemann im Gebüsch. „Wer ist da?", fragt er. Da kommt ein* ***Hase*** *zum Vorschein und jammert: „Oh, ich habe solchen Hunger. Aber ich finde einfach nichts zum Essen!"*

Ohne zu zögern, reicht der Schneemann ihm die Karotte. „Vielen Dank!", sagt das Häslein und hoppelt davon. Auf einmal wackeln die Äste eines ***Baumes*** *ganz nahe beim Schneemann. Ein kleiner* ***Vogel*** *kommt herbegeflogen und piepst: „Oh, ich habe solchen Hunger. Aber ich finde nirgends etwas zum Essen!"*

Da gibt der gutmütige Schneemann dem Vogel die Sonnenblumenkerne von seinem Bauch. „Vielen Dank!", freut sich das Vögelchen und fliegt davon. Ohne Nase und Knöpfe steht der Schneemann nun da, als ein ***Eichhörnchen*** *den Baum heruntergekrabbelt kommt. „Oh, ich habe solchen Hunger. Ich habe so viele Nüsse versteckt, kann sie aber nirgends finden!" Da schenkt der Schneemann dem hungrigen Eichhörnchen seine beiden Nüsse.*

„Vielen Dank!", lacht das Eichhörnchen und läuft davon. Zurück bleibt ein Schneemann, dem nichts geblieben ist, als sein alter Hut. Die Tiere des Waldes sehen ihn, wie er einsam und alleine zurückbleibt. Er hat ihnen allen geholfen, und nun wollen sie etwas für ihn tun. Der Vogel bringt ein kleines ***Stöckchen*** *und steckt es dem Schneemann als Nase mitten ins Gesicht. Der Hase schafft zwei Steine herbei und schenkt dem Schneemann so neue Augen. Und das Eichhörnchen holt viele kleine* ***Tannenzapfen*** *und bringt sie als Knöpfe an seinem Bauch an. Zufrieden betrachten sie ihn. Er hat dafür gesorgt, dass keines der Tiere Hunger leiden muss, und sie haben dafür gesorgt, dass er wieder ein schöner Schneemann wird, dem es an nichts fehlt. Und so sind sie alle glücklich in dieser Nacht, der Schneemann und die Tiere …*

Vom Himmel fällt Schnee

Verse sprechen, …	… Finger spielen
Vom Himmel fallen froh und munter viele weiße Flöckchen runter.	*mit den Fingern Schneeflocken darstellen*
Es ist der Schnee, der leise fällt, bedeckt damit die ganze Welt.	*mit den Armen einen Kreis als Welt formen*
Liegt auf den Bäumen im tiefen Wald und ist dabei noch bitterkalt.	*mit den Händen ein Dach formen* *(= Tannenbäume im Wald);* *frieren*
Ich zieh mir Mütz' und Stiefel an und laufe raus, so schnell ich kann.	*pantomimisch Mütze und Stiefel anziehen;* *mit den Füßen stampfen*
Dort spiele ich die ganze Zeit, solange es noch draußen schneit.	*mit den Fingern Schneeflocken darstellen*
Denn kommt die liebe Sonne raus, ist's mit dem Schnee schnell wieder aus.	*die Finger einer Hand spreizen (= Sonne);* *ausladende Handbewegung machen*

Schneemann

Das brauchen Sie für den Schneemann:

- Tonpapier
  (weiß, schwarz, orange)
- Schere
- Klebstoff
- Locher

Aus einfachen geometrischen Formen gestalten die Kinder einen Schneemann.

So gestalten die Kinder ihren Schneemann:

Für den Kopf:

- An einem weißen Papier-Quadrat schneiden die Kinder alle vier Ecken rund ab. Von einem schwarzen Papierstreifen schneiden sie zwei Stücke ab und verwenden sie als Augen. Zwei weiße Locherpunkte kleben sie als Pupillen hinein.
- Die Kleinen schneiden ein orangefarbenes Papier-Rechteck diagonal durch und verwenden eine Hälfte davon als Karottennase.
- Die Einzelteile des Gesichts setzen sie nun mit Klebstoff zusammen.

Für den Hut:

- Die Kinder verwenden ein schwarzes Papier-Rechteck als Hut. Als Hutkrempe schneiden sie von einem schwarzen Papierstreifen ein ausreichend langes Stück ab und kleben es an die breite Seite des Rechtecks. Den Hut befestigen sie mit Klebstoff am Kopf.

Für den Körper:

- An einem großen weißen Papier-Rechteck schneiden die Kinder alle vier Ecken rund ab und verwenden es als Bauch.
- Für die Knöpfe schneiden sie dann von einem schwarzen Streifen drei Stücke ab und kleben diese auf den Bauch.
- Zum Schluss müssen die Kleinen nur noch Kopf und Körper mit Klebstoff zusammensetzen, und fertig ist der Schneemann.

Tipp

Sehr schön sieht es aus, wenn Sie die individuell gestalteten Schneemänner am Fenster befestigen.

Wir bauen einen Schneemann

Melodie: traditionell; „Drunten an der Gartenmauer" **Text:** Beate Vogel

2.
Alle, die uns helfen wollen, müssen zuerst Bälle rollen.
Refrain: 1, 2, 3, kommt herbei, 1, 2, 3, kommt herbei, wir bauen einen Schneemann.

3.
Als Hut bekommt er einen Topf, den setzen wir ihm auf den Kopf.
Refrain: 1, 2, 3, kommt herbei, …

4.
'Ne Rübe kriegt er ins Gesicht, denn ohne Nase geht es nicht.
Refrain: 1, 2, 3, kommt herbei, …

5.
Und scheint die Sonne, oh, wie dumm, dann fällt der ganze Schneemann um.
Refrain: 1, 2, 3, kommt herbei, …

Tipp

Dieses Lied können Sie mit den Kleinen prima als Bewegungsspiel durchführen. Dazu stehen Sie zusammen im Kreis und begleiten die einzelnen Strophen mit folgenden Gesten:

1. Strophe: mit den Fingern „Schneeflocken" von oben nach unten rieseln lassen.
2. Strophe: „Bälle" auf dem Boden rollen.
3. Strophe: einen „Hut" auf den Kopf setzen.
4. Strophe: eine „Rübe" vor das Gesicht halten.
5. Strophe: mit nach oben gestreckten Armen und gespreizten Fingern eine Sonne darstellen, sich danach auf den Boden fallen lassen.

Beim **Refrain** gehen alle durcheinander im Kreis umher und können ihre Freunde zu sich herwinken.

Schneeturnen

Es schneit

Wenn's draußen nicht schneit, dann lässt man es eben drinnen selbst schneien …

Das brauchen Sie:

- ❖ weiße Papierschnipsel (alternativ: „Styroporchips")
- ❖ ein Betttuch oder kleines Schwungtuch

So geht es:

➤ Die Kinder verteilen sich um das Betttuch und halten es gemeinsam fest. Nun lassen Sie die „Schneeflocken" daraufrieseln.
Die Kinder bewegen jetzt ihre Arme unterschiedlich stark auf und ab. Dadurch schneit es zuerst nur ein wenig, danach gibt es vielleicht sogar einen richtigen Schneesturm …

Frau Holle

Es schneit aus Frau Holles Kissen …

Das brauchen Sie:

- ❖ ein Kletternetz oder eine Sprossenwand
- ❖ Bodenmatten
- ❖ zwei Tücher mit weißen Papierschnipseln (alternativ: „Styroporchips")

Das müssen Sie vorbereiten:

Sichern Sie das Kletternetz mit den Bodenmatten. Die beiden Tücher mit den Papierschnipseln binden Sie in unterschiedlicher Höhe an das Kletternetz.

So geht es:

➤ Die Kinder klettern am Kletternetz hinauf (die Höhe können sie selbst bestimmen), greifen in das mit Papierschnipseln gefüllte Tuch und lassen die „Schneeflocken" zu Boden rieseln.

Räumdienst

Der Schneeräumdienst ist unterwegs und beseitigt die Spuren des Schneeturnens.

Das brauchen Sie:

- ❖ weiße Papierschnipsel (alternativ: „Styroporchips")
- ❖ kleine Holzbretter
- ❖ einen Kinderbesen (alternativ: Handfeger)
- ❖ kleine Eimer

So geht es:

➤ Nachdem es die Turnstunde über viel geschneit hat, kommt der Schneeräumdienst. Dazu erhalten die Kinder je nach Wunsch kleine Besen oder Holzbrettchen. Damit können sie nun die „Schneeflocken" zusammenkehren bzw. -schieben und in die Eimer geben.

Durch den Wald stapft der Nikolaus

Ein kleines Arrangement zur Geschichte

Die Legende berichtet von einem Mann mit rotem Mantel und einem Sack. Ein Mensch, der viel Gutes getan und den anderen stets selbstlos geholfen hat. Viele Geschichten ranken sich um den heiligen Nikolaus, der später Bischof wurde. Noch heute erinnern wir uns an ihn und feiern jedes Jahr am 6. Dezember ein Fest zu seinen Ehren. Kinder stellen am Vorabend ihre Stiefel vor die Tür oder hängen einen Strumpf auf, in der Hoffnung, dass der Nikolaus ihn füllt. Gemeinsam werden Lieder gesungen, und alle freuen sich auf ihn.

Auf den folgenden Seiten beschäftigen wir uns mit diesem Mann. Die Kinder erfahren, was er den Menschen Gutes getan hat und weshalb wir uns bis heute gerne an ihn erinnern. In einfachen Fingerspielen und Geschichten lernen die Kleinen diesen besonderen Menschen kennen und erfahren mehr über ihn. Mit den Anregungen und Impulsen auf den folgenden Seiten erleben die Kleinsten die Nikolaustage auf ganzheitliche Weise und werden sicher eine Menge Freude dabei haben.

In einer Geschichte erfahren die Kinder etwas aus dem Leben von Bischof Nikolaus und erleben den sozialen Aspekt der Hilfsbereitschaft.

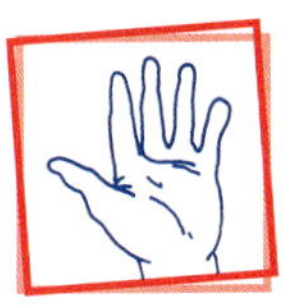

Bei einem Fingerspiel verinnerlichen die Kleinen die typische äußere Erscheinung der Nikolausfigur. Dabei erweitern sie ihren Wortschatz und verbessern ihre feinmotorischen Fähigkeiten.

Mit einfachen Mitteln können die Kinder selbst ihren Bischof Nikolaus gestalten.

Ein Lied lädt zum Mitsingen ein und thematisiert den alten Brauch, seinen Stiefel am Nikolausabend rauszustellen. Das steigert die Vorfreude auf diesen Abend bestimmt noch ein wenig mehr.

In verschiedenen Bewegungsimpulsen können die Kleinsten dem Nikolaus helfen, seinen Sack zu packen. Dabei verfeinern sie ihre Motorik und können ihren Bewegungsdrang ausleben.

Wir wünschen Ihnen eine besinnliche vorweihnachtliche Zeit mit vielen Ideen und Anregungen!

Bischof Nikolaus

Die Legende berichtet vom Leben des heiligen Nikolaus, der den Armen und Bedürftigen bereitwillig hilft, um ihnen Freude zu schenken. Wer möchte, kann die Geschichte mit den Dingen aus der Materialliste begleiten.

Das brauchen Sie zum Geschichtenspielen:

- eine Figur aus Papier o.Ä. als **Mann**
- drei Figuren aus Papier o.Ä. als **Kinder** (alternativ: drei **Puppen**)
- ein **Papierhaus** (alternativ: ein Haus aus Bauklötzen bauen)
- einen **Sack** mit **Äpfeln** und **Nüssen**
- einen **Sack** mit **Kleidung** (z.B. Puppenkleider)
- einen **Sack** mit **Spielsachen** (Eisenbahn, Puppe, Bauklötze)
- einen **Nikolaus** (siehe Kreativangebot)

Ein **Mann** lebt mit seinen **3 Kindern** in einem alten **Haus**. Sie sind arm und haben kein Geld, um sich Essen, Kleidung oder Spielsachen zu kaufen. Als sie an einem Abend in der Stube sitzen, sagt eines der Kinder: „Ich habe Hunger!" „Ich auch!", jammert das zweite. „Und mir knurrt schon den ganzen Tag der Magen!", weint das dritte. „Ich weiß!", spricht der Vater. „Gerne würde ich uns etwas Leckeres zu essen kaufen. Aber mir fehlt leider das Geld!" Da hören sie ein Geräusch vor der Türe und gehen hinaus. Doch niemand ist da. Stattdessen finden sie einen **Sack**. Eilig tragen sie ihn in die Stube und öffnen ihn. Er ist gefüllt mit **Äpfeln, Nüssen** und anderen Leckereien. An diesem Abend muss keiner mit leerem Magen ins Bett gehen. Doch wer ihnen den **Sack** gebracht hat, wissen sie nicht. Am nächsten Abend sitzen sie wieder in der Stube, als ein Kind spricht: „Ich friere so sehr!" „Ich auch!", sagt das zweite. „Meine Füße sind schon ganz kalt!", jammert das dritte. „Ich weiß!", antwortet der Vater. „Gerne würde ich uns etwas Warmes zum Anziehen kaufen. Aber mir fehlt leider das Geld!" Da hören sie ein Geräusch vor der Türe und gehen nach draußen. Wieder steht ein **Sack** davor, den sie in die Stube tragen. Er ist gefüllt mit **warmen Kleidern**. An diesem Abend muss keiner mehr frieren. Doch wer den Sack gebracht hat, wissen sie nicht. Am darauffolgenden Abend überlegen sie angestrengt, wer ihnen die wunderbaren Geschenke wohl gemacht hat, und beschließen, zu warten, bis der Unbekannte wiederkommt. Als sie auch dieses Mal ein Geräusch vor dem Haus hören, rennt der Vater schnell nach draußen. „Das bist ja du, **Bischof Nikolaus**!", ruft er. „Aber natürlich. Ich habe gehört, dass du kein Geld hast, um für dich und deine Kinder zu sorgen. Da wollte ich helfen!" „Vielen Dank, lieber Nikolaus!", antwortet der Vater. „Gern geschehen. Aber jetzt muss ich weiter. Es gibt noch viele Menschen, denen es auch nicht so gut geht. Hier, noch ein Geschenk für deine Kinder!", spricht er, reicht dem Mann einen **Sack** und verschwindet. „Wer hat uns die Säcke gebracht?", wollen die Kinder wissen. „Es war Bischof Nikolaus. Und diesen Sack hier hat er mir für euch gegeben!", lacht der Vater glücklich. Wie freuen sie sich, als sie sehen, dass er bis oben hin gefüllt ist mit Spielsachen: eine **Eisenbahn**, eine **Puppe** und **Bauklötze**. Von diesem Tag an denken der Vater und seine Kinder jedes Jahr an Bischof Nikolaus, der so gut zu ihnen war. Sie werden ihn niemals vergessen …

Im tiefen Wald, da stapft ein Mann

Verse sprechen, …	**… Finger spielen**
Im tiefen Wald, da stapft ein Mann,	*Schritte mit den Händen andeuten;*
hat dicke, schwarze Stiefel an.	*dabei die Arme mitbewegen;* *pantomimisch die Stiefel anziehen*
Einen Mantel hat er auch	*pantomimisch den Mantel anziehen;*
und einen Gürtel um den Bauch.	*pantomimisch den Gürtel umbinden*
Auf dem Kopf, da trägt er schön	*die Mütze auf dem Kopf andeuten;*
eine Mütze beim Spazierengehn.	*Schritte andeuten (s.o.)*
Auch den Bart vergess ich nicht,	*einen Bart am Kinn andeuten*
den hat er mitten im Gesicht.	
Schleppt einen Sack, so groß und schwer,	*pantomimisch einen Sack auf den Rücken packen*
durch den Wald mit sich umher.	
Plötzlich winkt der Mann mir zu:	*winken;*
„Nikolaus, das bist ja du!“	*mit dem Finger zeigen*

Nikolaus aus Papier

Das brauchen Sie für den Nikolaus:

- ein Wattepad
- rote Wasserfarbe
- Tonpapier (rot, weiß, schwarz, gold, braun, hautfarben)
- Märchenwolle oder Watte
- Pinsel
- Klebstoff
- Schere
- Locher

So gestalten die Kinder ihren Nikolaus:

Für den Kopf mit Mütze:

- Die Kinder malen zunächst das Wattepad mit roter Wasserfarbe und viel Wasser an. Von einem weißen Papierstreifen schneiden sie zwei Stücke ab und verwenden diese als Augen. Zwei schwarze Locherpunkte kleben sie als Pupillen darauf.
- Ist das Wattepad getrocknet, gestalten die Kleinen das Gesicht. Dazu fixieren sie die Augen, einen roten Locherpunkt als Nase und etwas Märchenwolle/ Watte als Bart mit Klebstoff auf dem Pad.
- Für die Bischofsmütze schneiden sie ein rotes Papier-Rechteck spitz zu, schneiden von einem goldenen Papierstreifen zwei Stücke ab und kleben diese als Kreuz auf die Mütze. Die überstehenden Streifen sollten Sie schließlich noch abschneiden.
- Nun können die Kinder die Mütze mit Klebstoff an dem Kopf befestigen.

Für den Körper:

- Natürlich braucht der Nikolaus noch einen roten Mantel. Bereiten Sie dazu ein rotes Papier-Rechteck vor, bei dem die Kleinen dann die zwei Ecken an der schmalen Seite abschneiden. Für die Beine schneiden sie von einem braunen Papierstreifen zwei Stücke ab. Um Füße zu erhalten, knicken sie einfach einen Teil des jeweiligen Streifens unten um.
- Für die Arme schneiden die Kinder zwei Stücke eines roten Papierstreifens ab. Einen bereits vorbereiteten, hautfarbenen kleinen Papierkreis schneiden sie mittig durch und kleben die beiden entstandenen Hälften als Hände an die roten Streifen.

Zum Schluss:

- Zuletzt müssen die Kinder alle Einzelteile mit Klebstoff zusammensetzen, und fertig ist Bischof Nikolaus.

Lustiges Nikolausensemble

Nikolaus, Sankt Nikolaus

Melodie und Text: Beate Vogel

2.
Nikolaus, Sankt Nikolaus, komm doch auch in unser Haus.
Stapfst durch den tiefen Schnee daher, trägst einen Sack gar schwer.

3.
Nikolaus, Sankt Nikolaus, dann stellen wir die Stiefel raus.
Bringst Nüsse, Äpfel, Mandelkern, das mögen Kinder gern.

4.
Nikolaus, Sankt Nikolaus, und bist du dann bei uns zu Haus',
dann singen wir ein Lied für dich, das freut dich sicherlich.

5.
Nikolaus, Sankt Nikolaus, nun gehst du weiter, von Haus zu Haus.
Wir sagen dir noch: „Danke schön, bis nächstes Jahr, auf Wiedersehen!"

Nikolausturnen

Der 6. Dezember rückt immer näher, und die Kinder warten gespannt auf den Nikolaus. Doch Nikolaus hat viel zu tun, und so steht sein Sack immer noch leer vor seinem Haus. Äpfel, Nüsse und Orangen sollen hinein. Wenn alle mithelfen, ist der Sack schnell gefüllt, und Nikolaus schafft es doch noch, rechtzeitig zu den Kindern zu kommen.

Das müssen Sie vorbereiten:

Legen Sie einen Jutesack in die Mitte des Turnraums, und bauen Sie die folgenden drei Stationen sternförmig zur Mitte hin auf. Die Kinder können diese nun nach Belieben durchlaufen, wobei sie jeweils am Ende der einzelnen Stationen etwas in den Nikolaussack hineinlegen dürfen.

Äpfel

Das brauchen Sie:

- eine Langbank
- einen Korb
- kleine rote Bälle (alternativ: Äpfel)

So geht es:

- Die Kinder balancieren von der Mitte aus über die Langbank zum Korb, nehmen sich einen Ball (Apfel) heraus und bringen ihn zurück in den Nikolaussack.

Mit Freude werden die Kinder körperlich aktiv …

Nüsse

Das brauchen Sie:

- eine Sprossenwand
- Turnmatten
- einen Korb mit Seil
- Walnüsse für den Korb

So geht es:

- Die Kinder laufen über die Turnmatten zur Sprossenwand, klettern hinauf und nehmen sich oben aus dem festgebundenen Korb eine Walnuss. Mit der Nuss in der Hand klettern sie wieder hinunter, laufen zurück über die Matte und legen sie in den Sack hinein. Wenn das Klettern mit Nuss zu schwierig ist, dürfen die Kinder die Nuss fallen lassen und nehmen sie später wieder vom Boden auf.

… und helfen dem Nikolaus, …

Orangen

Das brauchen Sie:

- einen Kriechtunnel
- einen Korb (alternativ: eine Kiste)
- kleine orangefarbene Bälle (alternativ: Orangen)

So geht es:

- Vom Nikolaussack aus krabbeln die Kinder durch den Kriechtunnel zum Korb (zur Kiste), nehmen sich einen Ball (eine Orange) heraus, rollen diesen auf dem Boden zur Mitte zurück und legen ihn (sie) in den Sack.

… seinen Sack zu packen.

Bald ist Weihnachten ...

Nicht mehr lange, und Weihnachten steht vor der Tür. Am 24. Dezember wurde Jesus Christus geboren. In einer Krippe kam er zur Welt, arm und bescheiden. In einem Stall mit Tieren. Doch ein Tier war ganz nah beim Christuskind, stand dicht bei ihm: das Schäflein. Aus diesem Grund haben wir uns entschieden, ein kleines Lamm in den Mittelpunkt dieses Projekts zu stellen. Die Kleinen lieben diese kuscheligen, wolligen Tiere, mögen ihre flauschige Wolle, die wärmt und weich ist.

Eine Krippe mit Schafen lädt zum Betrachten und Verweilen ein.

Gemeinsam Zeit verbringen, es sich gemütlich machen, um die Geschichte von der Geburt Jesu zu hören, die sich Menschen auf der ganzen Welt erzählen, sind Bestandteile der Weihnachtszeit. Im folgenden Kapitel stellen wir Impulse rund um Weihnachten vor: Viele verschiedene Anregungen und Ideen finden hier Platz, um diese besondere Zeit mit den Kleinsten spürbar zu machen und ihnen den Zauber von Weihnachten zu vermitteln.

Die Kinder hören die Weihnachtsgeschichte in kindgerechter Weise, indem ein kleines Schaf ihnen die Bedeutung dieses Festes näherbringt.

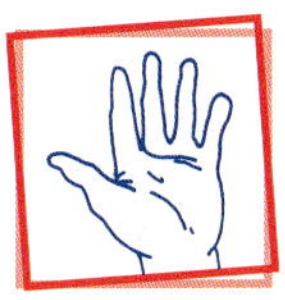

In einem Fingerspiel erfahren die Kleinen wichtige Eigenschaften dieses wolligen Tieres, verbessern dabei die Feinmotorik und erweitern ihren Wortschatz.

Die Kinder gestalten ihr eigenes, kleines Weihnachtsschäflein, welches Sie zur Dekoration in eine Krippe stellen können.

Ein kleines Lied, in dem die Kleinsten eine harmonische Schafsfamilie kennenlernen, lädt zum Mitsingen ein.

Die Kinder backen leckere Weihnachtsplätzchen und erleben damit einen unverzichtbaren Brauch der Vorweihnachtszeit.

Wir wünschen Ihnen eine wunderschöne Weihnachtszeit, gefüllt mit leisen und besinnlichen Momenten, in denen die Kinder die einzigartige Atmosphäre spüren, die von diesem Fest ausgeht ...

Petro, das kleine Schaf

Für diese kleine Geschichte brauchen Sie nur die aufgeführten Dinge aus der Materialliste, um den Kindern die Weihnachtsgeschichte lebendig und anschaulich aus der Sicht des kleinen Schafs Petro nahezubringen.

Das brauchen Sie zum Geschichtenspielen:

- 2 unterschiedlich große Plüschschafe als **Petro** und **Lukas** (alternativ: Filtertütenschafe, s. Kreativangebot)
- **weitere Schafe** (alternativ: kleine Watte oder Fellhäufchen verteilen)
- weiße Locherpunkte als **Schneeflocken**
- einen **Papierstern**
- einen **Stall mit Krippenfiguren** für das Kind, die Krippe, Maria und Josef
- etwas **Stroh**

__Petro__ ist das kleinste Schaf der __ganzen Herde__. Obwohl er schon zwei Jahre alt ist, will er einfach nicht wachsen. Es ist Winter geworden. Erste __Schneeflocken__ fallen vom Himmel und bedecken die Erde. In der Nacht wird es eisig kalt, und die Schafe müssen eng zusammenrücken, damit sie nicht frieren. „Es ist Zeit, aufzubrechen!“, ruft __Lukas__, das älteste Schaf. Er ist schon viele Jahre alt und sehr klug. Die anderen hören auf das, was Lukas sagt, denn er weiß für alles einen Rat. „Wir müssen uns auf den Weg machen. Der erste Schnee fällt, und bald finden wir hier kein Gras mehr. Also, lasst uns aufbrechen!“ Sogleich machen sich alle Schafe auf den Weg, allen voran Lukas, der die Herde anführt. Petro möchte mit Lukas reden, aber sein Platz ist ganz hinten. Verzweifelt versucht er, sich nach vorne durchzuschieben. Da schubst er aus Versehen ein anderes __Schaf__ an. „Kannst du nicht aufpassen?“ „Entschuldigung, war keine Absicht!“ „Aha, Petro. Hätte ich es mir denken können! Wo willst du überhaupt hin? Dein Platz ist viel weiter hinten!“, sagt das andere Schaf unfreundlich. „Ich muss mit Lukas sprechen. Deshalb will ich nach vorne!“, erklärt Petro. „Warum sollte Lukas mit dir reden? Sieh dich doch einmal an! Du bist das kleinste Schaf von uns allen. Lukas hat Wichtigeres zu tun, als mit dir zu reden!“ Traurig kullert Petro eine Träne aus dem Auge. Immer ist er für alles zu klein. Aber dieses Mal will er es trotzdem versuchen. So fest er kann, schiebt er sich durch die Schafherde, bis er bei __Lukas__ angekommen ist. „Ich muss mit dir reden!“, sprudelt es aus ihm heraus. „Alle sagen immer, ich sei zu klein: zu klein, um vorne mitzulaufen, zu klein, um gutes Gras fressen zu dürfen, zu klein, um bei den anderen mitspielen zu können. Sag, Lukas: Was kann ich tun, um endlich größer zu werden?“ „Aber Petro. Du kannst gar nichts tun. Und das ist auch nicht nötig. Man kann alles schaffen, egal, ob man klein oder groß ist. Die Größe spielt keine Rolle! Jeder ist gut so, wie er ist, ob er nun klein oder riesengroß ist!“, erklärt Lukas.
Als die Herde die Nacht über auf einem freien Feld übernachtet, denkt Petro noch lange über das nach, was Lukas ihm gesagt hat. Plötzlich sieht er einen hellen __Stern__ am Himmel. Petro folgt ihm, bis er vor einem __Stall__ stehen bleibt. Drinnen ist es hell. Vorsichtig öffnet er die Tür und geht hinein. Ein __Kind__ liegt in einer __Krippe__, und im __Stroh__ sitzen ganz dicht seine Mama und sein Papa bei ihm. Petro geht ganz nah zu dem Kind heran. Er fürchtet sich nicht. „Sieh, Maria!“, sagt der Mann. „Ein kleines, schneeweißes Schäflein. Wie schön es ist!“ „Ja. Und schau nur unser Sohn. Der kleine Jesus lächelt das Schäflein an!“ Und wirklich, das kleine Kind in der Krippe sieht Petro an und lächelt. Überglücklich bleibt er die ganze Nacht bei dem Kind im Stall. Und in diesem Augenblick weiß er, dass Lukas recht hatte. Die Größe spielt keine Rolle. Denn er, das kleinste Schaf von allen, hat das Kindlein zum Lächeln gebracht und darf ihm ganz nahe sein. Und der Stern über dem Stall strahlt noch heller als zuvor …

5 Schafe

Verse sprechen, …	… Finger spielen
Das 1. Schaf ist dick und rund.	*Daumen zeigen*
Das 2. Schaf ist kerngesund.	*Zeigefinger zeigen*
Das 3. Schaf hat schönes Fell.	*Mittelfinger zeigen*
Das 4. rennt und springt ganz schnell.	*Ringfinger zeigen*
Das 5. Schaf, das ist noch klein, das ist am liebsten nur daheim.	*den kleinen Finger zeigen*
Nur manchmal kommt's zum Spielen raus, und ist es müd', geht es nach Haus'.	*Augen schließen, den Kopf auf die Handflächen legen*

Filtertütenschaf

Ein fertiges Filtertütenschaf

Das brauchen Sie für das Filtertütenschaf:

- Filtertüte
- Schafswolle, Watte oder Märchenwolle
- Tonpapier (weiß, schwarz, rot)
- Schere
- Klebstoff
- Locher

So gestalten die Kinder ihr Filtertütenschaf:

Für den Körper:

- Die Kinder bekleben beide Seiten der Filtertüte mit Schafswolle.

Für den Kopf und das Gesicht:

- An einem weißen Papier-Quadrat schneiden die Kleinen alle vier Ecken rund ab und verwenden dies als Kopf.
- Für die Augen schneiden sie zwei Stücke eines schwarzen Papierstreifens ab und kleben weiße Locherpunkte als Pupillen darauf.
- Einen kleinen roten Papier-Kreis schneiden sie mittig durch und verwenden eine Hälfte als Mund.
- Als Nase dient ein schwarzer Locherpunkt.
- Nun fehlen noch die Ohren. Hierfür schneiden die Kinder an zwei weißen Papier-Rechtecken jeweils zwei Ecken auf der schmalen Seite rund ab und fixieren diese mit Klebstoff am Kopf.
- Die Einzelteile des Gesichtes setzen sie mit Klebstoff zusammen.
  Nun öffnen sie die Filtertüte und stellen sie auf.
  Den Kopf befestigen sie schließlich auf der Wolle.

Tipp

Das kuschelige Wollschaf können die Kinder in eine Krippe setzen. Diese könnte man an einem zentralen Platz im Zimmer dekorieren, an welchem man sich zum gemeinsamen Singen, Spielen oder Geschichtenerzählen trifft.

Die drei Schafe

Melodie: nach Wolfgang Amadeus Mozart
Text: Eva Danner; gesungen nach „In einem kleinen Apfel“

2.
Es hat auch eine Mama, die steht ganz nah dabei.
Sie wärmen und sie schützen sich, und keiner ist allein.

3.
Dann kommt auch noch der Papa, er stellt sich schnell dazu.
Da freut das kleine Schäflein sich und macht die Augen zu.

Weihnachtsbäckerei

Das brauchen Sie für den Teig:

- 500 g Mehl
- 190 g Zucker
- ein Päckchen Vanillezucker
- 5 Eigelbe
- 250 g Butter
- etwas Zitronenschale
- eine Prise Salz

Die Backzeit beträgt bei 200 °C etwa 10 Minuten.

Den Plätzchenteig herstellen:

- Bereits bei der Teigherstellung können Sie die Kinder mit einbeziehen. Sie können Ihnen helfen, Mehl in eine Schüssel zu geben oder Butter abzuwiegen. Die Eier zu trennen, ist ein faszinierender Vorgang, aber auch kein leichtes Unterfangen, bei dem die Kleinen natürlich noch Ihre Hilfe benötigen. Gerade an diesen hauswirtschaftlichen Dingen haben bereits Kinder unter 3 Jahren großen Spaß.
- Mit einem Handrührgerät vermischen Sie Mehl, Zucker, Vanillezucker, 4 Eigelbe, Butter, Zitronenschale und Salz zu einem glatten Teig und stellen ihn für etwa eine Stunde in den Kühlschrank.

Die Plätzchen backen:

- Zunächst rollen Sie den Teig auf einer bemehlten Fläche aus. Auch hierbei können die Kinder mithelfen. Mit verschiedenen Förmchen dürfen sie anschließend die Plätzchen ausstechen und auf ein mit Backpapier ausgelegtes Backblech legen. Bevor die Plätzchen in den Ofen kommen, bestreichen die Kleinen sie noch mit etwas Eigelb und verzieren sie mit Streuseln, Hagelzucker oder Ähnlichem.

Bei einer gemeinsamen Weihnachtsfeier oder einfach beim gemütlichen Zusammensitzen können sie ihre leckeren Plätzchen dann essen.

Tipp

Es bietet sich an, den Teig zuerst herzustellen, das Plätzchenbacken aber erst am darauffolgenden Tag durchzuführen. So haben die Kinder ausreichend Zeit, die Zutaten kennenzulernen, und Sie können alles in Ruhe mit ihnen besprechen. Den Teig sollten Sie über Nacht, in einer geschlossenen Schüssel oder in Folie verpackt, kühl stellen.

In der Weihnachtsbäckerei erleben die Kinder allerlei.

Kartoffel, Karotte und Co.

Ein Gemüseplakat kann als Zutatenliste für eine Gemüsesuppe dienen.

Gerade in der heutigen Zeit ist gesunde Ernährung ein wichtiges Thema. Übergewicht oder Fehlernährung, bereits in frühen Jahren, sind leider keine Seltenheit. Schon bei den Kleinsten sollte man deshalb versuchen, einen reichhaltigen und ausgewogenen Speiseplan aufzuzeigen. Speziell Gemüse ist ein wichtiger Bestandteil einer gesunden Ernährung. Kinder lieben es, gemeinsam zu essen und dieses auch selbst mit zuzubereiten. Sie können mithelfen beim Waschen, Schneiden, Rühren, und auch das Tischdecken macht gemeinsam noch mehr Spaß. Speziell durch das eigene Tun setzen sie sich bewusst mit der Materie auseinander. Nur, wer die Lebensmittel kennt, wer weiß, was Obst und Gemüse ist, wie es aussieht und riecht, wird sich dafür interessieren. Durch die Anregungen und Impulse in diesem Projekt rund um das Thema Gemüse werden die Kleinsten auf „den Geschmack" kommen …

Eine lustige Geschichte erzählt davon, wie Kartoffeln wachsen und gedeihen und wozu sie in unserer Esskultur bestimmt sind.

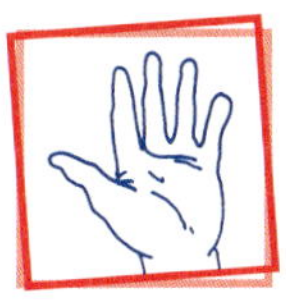

In einem kleinen Fingerspiel erfahren die Kinder die wesentlichen Schritte beim Suppekochen und können gedanklich schon einmal eine Gemüsesuppe zubereiten. Ganz nebenbei verbessern sie hierbei ihre feinmotorischen Fähigkeiten.

Die Kleinen gestalten kreativ verschiedene Gemüsesorten und behalten so im Blick, welche Zutaten zu einer Gemüsesuppe gehören können.

Ein lustiger Gemüse-Rap fördert die Sprachrhythmik und die Begriffsbildung der Kinder und erweitert ihren Wortschatz. Außerdem macht dieser flotte Vers eine ganze Menge Spaß.

Bei der Zubereitung einer Gemüsesuppe werden die Kleinsten aktiv in eine lebenspraktische Tätigkeit mit einbezogen. Beim gemeinsamen Kochen und Essen erfahren sie nicht nur, wie Karotten und Kartoffeln riechen und schmecken, sondern auch, wie viel Freude es macht, etwas gemeinschaftlich zu tun.

Wir wünschen Ihnen und Ihren Kindern leckere kulinarische Erlebnisse!

Das Kartoffelmännlein

In dieser lustigen Geschichte erfahren die Kinder, wie eine Kartoffel in der Erde heranwächst und wie ihr „Werdegang" sein könnte …

Das brauchen Sie zum Geschichtenspielen:

- braune Tücher als **Erde**
- eine Papierkartoffel oder eine echte Kartoffel als **Kartoffelmännlein**
- **mehrere** andere **echte Kartoffeln** bzw. **Papierkartoffeln**
- **Sand**
- **Steine**
- ein paar **echte Blätter** oder **Blätter aus grünem Papier**
- blaue Tücher als **Himmel**
- eine **Sonne** aus Papier
- eine **Kiste**

*Tief unten in der **Erde** lebt das **Kartoffelmännlein**. Zwischen **Sand** und **Steinen** hat es es sich gemütlich gemacht. Sein Haus ist gut versteckt unter der Erde. Man sieht nur den Garten, der oben wächst. Viele grüne **Blätter** wachsen dort an langen Stielen, und unter ihnen wohnt das Kartoffelmännlein. Es ist klein, ein bisschen rund und hat eine hellbraune Farbe. Gerade, als es schlafen will, passiert es: Irgendjemand greift nach ihm und zieht es nach oben. „Hilfe!", schreit es laut. „Hilfe. Lass mich sofort los!" Aber alles Rufen und Schreien hilft nichts. Eine große Hand zieht das Kartoffelmännlein einfach aus der Erde heraus.*

*Draußen ist es hell, und Wind weht ihm um die Nase. Es schaut sich um und sieht zum allerersten Mal in seinem Leben den blauen **Himmel**. „Oh!", staunt es. „Wie schön er ist!" Und es erblickt auch die warme **Sonne**, die ihm warm auf den Kopf scheint. Beinahe hätte es ihm hier draußen sogar gefallen, wäre da nicht die große Hand gewesen, die es fest packt und in eine **Kiste** wirft. „Aua!", ruft das Kartoffelmännlein, als es in die Kiste fällt. Es schaut sich um und entdeckt viele andere **Kartoffeln**, die alle neben ihm liegen. „Wo bringt man uns hin?", fragt es die anderen. „Warum schafft man uns fort von hier?" „Sie bringen uns zum Markt!", erklärt eine dicke, große Kartoffel. „Zum Markt?", ruft das Kartoffelmännlein erschrocken. „Aber warum denn?"*

„Dort können uns die Menschen dann kaufen. Sie machen viele leckere Sachen aus uns: Bratkartoffeln, Pellkartoffeln, Kartoffelsalat und Kartoffelbrei!", antworten die anderen Kartoffeln und können es kaum erwarten, endlich zum Markt zu gelangen. „Ich will aber nicht zu Kartoffelbrei werden!", ruft das Kartoffelmännlein. „Ich will zu überhaupt nichts werden. Viel lieber will ich zurück in die warme Erde!" „Aber das geht nicht!", erklärt die dicke Kartoffel. „Das werden wir ja sehen!", antwortet das Kartoffelmännlein entschlossen. Und dann beginnt es, zu hüpfen. Höher und immer höher. Wieder und immer wieder. Und dann ist es geschafft.

Es purzelt über den Rand der Kiste und bleibt im Gras liegen. „Puhhh, geschafft. Jetzt aber schnell weg von hier!" So schnell es kann, rollt es über das grüne Gras. Es rollt und rollt, bis es irgendwann erschöpft liegen bleibt. Überall ist braune, lockere Erde. „Genau der richtige Platz, um mir ein neues Haus zu bauen!", sagt das Kartoffelmännlein.

Mit einem Satz hüpft es in die Erde hinein und deckt sich damit zu. Tief im Erdreich macht es es sich gemütlich. Endlich kann es schlafen. Und wer weiß? Vielleicht kommt es im nächsten Jahr wieder aus der Erde heraus und schaut sich den blauen Himmel und die warme Sonne an …

Suppe kochen

Verse sprechen, …	… Finger spielen
5 Freunde möchten, wie besprochen, gemeinsam eine Suppe kochen.	*5 Finger einer Hand zeigen*
Der 1. muss zum Markt hinlaufen.	*den Daumen zeigen*
Der 2. muss Kartoffeln kaufen.	*den Zeigefinger zeigen*
Der 3. holt noch gelbe Rüben.	*den Mittelfinger zeigen*
Der 4. ist zu Haus' geblieben.	*den Ringfinger zeigen*
Der 5. kauft noch etwas Lauch, denn diesen braucht die Suppe auch.	*den kleinen Finger zeigen*
Nun alles schneiden, kochen, rühren und zwischendurch einmal probieren.	*pantomimisch „schneiden" und „rühren";* *die Hand zum Mund führen*
Jetzt sitzen wir gemeinsam hier, ich hoffe, die Suppe schmeckt auch dir.	*mit einer Hand eine ausladende Handbewegung machen;* *auf jemanden deuten*

Papiergemüse

Kartoffel

Das brauchen Sie für die Kartoffel:

- Tonpapier (braun, weiß, rot, schwarz)
- Schere
- Klebstoff
- Locher

So gestalten die Kinder ihre Kartoffel:

- An einem braunen Papier-Rechteck schneiden die Kinder alle vier Ecken rund ab. Für die Augen schneiden sie von einem weißen Papierstreifen zwei Stücke ab und kleben schwarze Locherpunkte hinein.
- Einen kleinen roten Kreis schneiden sie mittig durch und verwenden eine Hälfte als Mund.
- Augen, Mund und einen schwarzen Locherpunkt als Nase befestigen sie zum Schluss mit Klebstoff auf der Kartoffel.

Die tolle Knolle aus Papier

Karotte

Das brauchen Sie für die Karotte:

- Tonpapier (orange)
- Seidenpapier (hellgrün)
- Schere
- Klebstoff
- Klebeband

So gestalten die Kinder ihre Karotte:

- Ein orangefarbenes Tonpapier-Rechteck schneiden die Kleinen diagonal durch und verwenden eine Hälfte als Karotte. Dann reißen sie einige Stücke des grünen Seidenpapiers ab und verwenden diese als Blätter. Dazu drehen die Kinder die „Blätter" einfach leicht zusammen und befestigen sie von hinten mit Klebeband an der Karotte.

Die spitze, flotte, orangene Karotte aus Papier

Lauch

Das brauchen Sie für den Lauch:

- Tonpapier (dunkelgrün)
- Seidenpapier (weiß)
- Schere
- Klebstoff
- Klebeband

So gestalten die Kinder ihren Lauch:

- Die Kinder schneiden von einem dunkelgrünen Papierstreifen ein Stück ab und verwenden es als Lauchstange. Für die kleinen Wurzeln reißen sie vom weißen Seidenpapier einige Stücke ab und drehen diese leicht zusammen. Die Wurzeln kleben sie schließlich mit Klebeband von hinten an den Lauch.

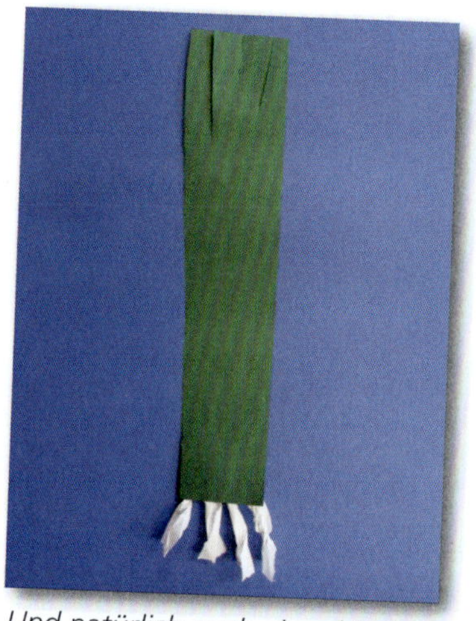

Und natürlich auch ein schlanker Lauch aus Papier …

Gemüse-Rap

Der Gemüserap ist ein rhythmischer Vers, der auch als solcher gesprochen wird. Man kann ihn in den unterschiedlichsten Variationen sprechen: laut und leise, langsam oder schnell. Außerdem können die Kinder ihn mit rhythmischen Bewegungen begleiten: Dazu patschen sie entweder mit den Händen auf die Oberschenkel, klatschen oder stampfen mit den Füßen auf den Boden etc.

So geht der Gemüse-Rap:

Erbsen, Bohnen, gelbe Rüben,
dicke Rüben, dünne Rüben,
Blumenkohl und Lauch,
mögen Kinder auch.

Tomaten, Mais und Paprika,
rot und gelb, sind auch schon da.

Waschen, schneiden nicht vergessen,
komm, lasst uns Gemüse essen!

Und für alle Kartoffelesser gibt's noch einen extra Kartoffel-Rap:

Kartoffeln, Kartoffeln, die mag ein jedermann,
weil man damit viele tolle Dinge machen kann.

Salzkartoffeln, Bratkartoffeln, Pellkartoffeln mit Quark.
Alle diese leckeren Sachen schmecken einfach stark.

Wer möchte, kann sie fein pürieren,
als Kartoffelbrei probieren.

Geschnitten zu Pommes Frites,
sind sie der größte Hit.

Und schließlich woll'n wir nicht vergessen,
man kann sie auch als Suppe essen.

Ob groß oder klein, Kartoffeln schmecken fein!

Gemüsesuppe

Das brauchen Sie für die Gemüsesuppe:

- 1000 g Gemüse (z.B. Kartoffeln, Karotten, Lauch)
- 1 kleine Zwiebel
- 1000 ml Gemüsebrühe
- Salz

Zum Verfeinern:

- frische Kräuter (z.B. Schnittlauch, Petersilie, Liebstöckel)
- Rahm (saure Sahne)

Hilfsmittel:

- Küchenmesser
- einen großer Topf
- Pürierstab

Garzeit:

15–30 Minuten, je nach Gemüseart und Größe der Stücke (das Rezept ist für etwa 10 Kinder)

So geht es:

- Das Gemüse waschen, putzen und entsprechend der Gemüseart zerkleinern. Das geschnittene Gemüse in einen großen Topf geben, mit der Gemüsebrühe aufgießen und weich kochen. Das gegarte Gemüse in der Brühe mit einem Pürierstab pürieren. Die Suppe abschmecken, wenn nötig, noch etwas salzen oder gekörnte Gemüsebrühe unterrühren. Nach Bedarf etwas Rahm (saure Sahne) dazugeben und mit frischen, klein geschnittenen Küchenkräutern verfeinern.

So helfen die Kinder mit:

- Beziehen Sie die Kinder so weit, wie möglich, bei den Arbeiten mit ein. Die Kleinen lieben es, gemeinsam zu kochen. Alle helfen gerne mit. Nachdem die Hände gewaschen sind, ziehen sich alle eine Kochschürze an. Sie können schon problemlos beim Waschen, aber auch beim Zerkleinern des Gemüses mithelfen. Dazu sollten Sie es aber vorher schälen (z.B. Kartoffel) und zum Schneiden vorbereiten. Denn wenn man die Kartoffel bereits geschält und halbiert hat, können die Kinder selbstständig kleine Stücke abschneiden. Da die Messer sehr scharf sind, muss ein Erwachsener immer in unmittelbarer Nähe sein. Weiter geht es mit den Karotten und allem anderen, das für die Suppe benötigt wird. Alle Zutaten werden in kleine Stücke geschnitten.
- Ist alles zerkleinert, muss die Suppe gekocht und gewürzt werden. Nun heißt es noch ein wenig Geduld haben, bis alles gar ist, bevor die Suppe püriert werden kann. Aufgrund der Spritzgefahr sollten Sie das Pürieren selbst übernehmen.
- Beim Tischdecken helfen alle sicher gerne mit, und in der gemeinsamen Runde schmeckt die selbstgemachte Suppe besonders gut. Guten Appetit!

Kleine Köche bereiten eine Gemüsesuppe vor.

Das bin ich!

Ein starkes ICH hat Spaß.

Kinder unter 3 Jahren entdecken allmählich das eigene ICH. Anfangs sprechen sie noch in der dritten Person von sich, aber, je älter sie werden, desto häufiger reden sie von SICH.
Sie erfahren sich und ihre Umwelt mit allen Sinnen. In der oralen Phase wird alles in den Mund genommen, befühlt und ertastet. Auf diese Weise erfolgt die Auseinandersetzung mit sich und der Welt. Die eigene Persönlichkeit kommt immer mehr zum Vorschein, Selbstbewusstsein und Selbstwertgefühl entwickeln sich.
In dieser Zeit benötigen die Kleinen die Unterstützung und Begleitung von (fürsorglichen) Erwachsenen, die ihnen helfen, sich selbst als eigenständige Persönlichkeit, als Individuum zu entdecken und anzuerkennen. Dieser Prozess der Selbstfindung verlangt von den Erwachsenen viel Einfühlungsvermögen und Wertschätzung. Doch gerade in dieser Entwicklungsphase liegt eine wunderbare Chance, die Kleinen auf ihrem ganz persönlichen Lebensweg zu begleiten und zu unterstützen.
Dieses Kapitel stellt das individuelle Äußere eines jeden Menschen in den Vordergrund. Die Kinder setzen sich mit dem eigenen ICH auseinander und entdecken ihren Körper.

Eine kurze Geschichte regt die Kinder dazu an, einmal selbst den Spiegel zur Hand zu nehmen und genauer in das eigene Gesicht zu schauen.

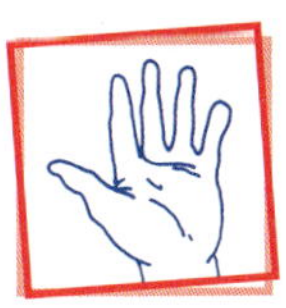

In einem lustigen Fingerspiel werden viele Körperteile mit Namen benannt, was die Begriffsbildung fördert.

Die Kleinen gestalten „ihr" Gesicht mit den typischen Merkmalen, wie Augenfarbe, Haarfarbe etc. So reflektieren sie über ihr individuelles Äußeres.

In einem Lied nehmen die Kinder ihren Körper bewusst war. Wie sehe ich aus? Wie viele Augen habe ich? Wozu brauche ich eine Nase? Was kann ich mit meinen Händen anstellen?

Eine Massagegeschichte lädt dazu ein, den Körper bewusst zu spüren und wahrzunehmen. Gleichzeitig fördert es den Wortschatz der Kinder, indem es die Körperteile benennt.

Wir wünschen Ihnen viel Freude dabei, die Kleinen auf ihrem Weg zur Autonomie zu begleiten. Denn schließlich will jeder einmal aus tiefster Überzeugung sagen können: „Das bin ich! Und ich bin gut so, wie ich bin!"

Michael und Lena

In dieser Vorlesegeschichte erfahren die Kleinen vieles über den eigenen Körper. Mit einfachen Fragen können Sie die Kinder dazu ermuntern, das Gehörte auch auf sich selbst zu übertragen. Im Anschluss bietet es sich an, einen Spiegel zur Hand zu nehmen, und jeder darf sich darin ausgiebig betrachten. Ob sie ähnlich aussehen wie Michael und Lena?

Das brauchen Sie zum Geschichtenspielen:

- eine Puppe oder eine Papierfigur als **Michael**
- eine Puppe oder eine Papierfigur als **Lena**
- ein paar **Bauernhoftiere** (Duplo®, Holztiere …)
- **Teller, Tassen** (Kinderküchengeschirr)
- eine **Kerze**
- ein **Handtuch**
- einen **Spiegel**

*M**ichael** ist zwei Jahre alt und geht in den Kindergarten, in die „Sonnenscheingruppe". Dort gefällt es ihm richtig gut. Er freut sich jeden Tag darauf, dorthin zu gehen.*
*Seine beste Freundin heißt **Lena**, und die beiden spielen den ganzen Morgen miteinander. Sie sitzen gerade auf dem Bauteppich und bauen einen **Bauernhof mit ganz vielen Tieren**.*
*Aber gerade, als sie so schön spielen, ruft die Erzieherin, dass jetzt Frühstückszeit ist. Da sitzen immer alle an einem schön gedeckten Tisch mit **Tellern und Tassen**. Und in der Mitte brennt eine **Kerze**. Aber zuvor gehen sie gemeinsam Hände waschen. Denn mit schmutzigen Fingern will man ja nicht essen.*
*Michael steht am gleichen Waschbecken wie Lena, da spritzt sie ihn plötzlich nass. Einfach so, mitten ins Gesicht. „Aua!", ruft Michael, obwohl das Wasser gar nicht wehtut. Aber Lena lacht nur und spritzt schon wieder. „Lena!", ruft die Erzieherin. „Hör bitte auf damit. Michael ist schon ganz nass im Gesicht!" Dann kommt sie auf ihn zu und sagt: „Komm mal her, mein Großer! Ich trockne dich mit dem kuscheligen **Handtuch** ab."*
*Michael und die Erzieherin stehen vor einem großen **Spiegel**.*
„Oh je. Deine Haare sind ja auch ganz nass geworden! Sieh nur!", lacht sie und rubbelt mit dem Handtuch darüber. Michael betrachtet sich im Spiegel. Mit seinen blauen Augen kann er genau sehen, was die Erzieherin tut. „Schau, du hast ja eine Nase mitten im Gesicht!", sagt sie und berührt diese leicht. „Du auch Nase!", antwortet er und zeigt auf ihre Nase.
„Ja, ich habe auch eine Nase, damit ich gut riechen kann. Und einen Mund habe ich auch. Siehst du?" Und dann macht sie den Mund weit auf, dass man alle Zähne sehen kann. „Wo ist denn dein Mund, Michael? Weißt du das?" Er zeigt auf seine Lippen. „Richtig. Da ist dein Mund. Kannst du auch deine Zähne zeigen?", fragt sie. Michael nickt und macht seinen Mund ganz weit auf, dass alle Zähnchen zum Vorschein kommen. „Essen!", sagt er. „Genau, die Zähne braucht man zum Essen. Und wir gehen jetzt auch gleich frühstücken. Aber sag mal? Was hast du denn da an deinem Kopf dran?", will die Erzieherin noch wissen und zubbelt vorsichtig an Michaels Ohr. „Ohr!", antwortet er. „Genau. Zwei Stück. Hier eins und auf der anderen Seite noch eins. Damit du gut hören kannst! Aber jetzt wird es Zeit, frühstücken zu gehen.
Hast du Hunger?", will sie wissen. „Hunger!", ist die Antwort. Dann gehen beide zurück in den Gruppenraum, wo die anderen bereits auf sie warten. Alle packen ihre Frühstücksdosen aus und kauen genüsslich das Mitgebrachte. Und wo landet das ganze Essen? Natürlich im Bauch!

Hallo du, schau mich mal an!

Verse sprechen, …	**… Finger spielen**
Hallo, du, schau mich mal an,	*winken;*
denn an mir ist alles dran.	*auf den eigenen Körper deuten*
Auf meinem Kopf, da wächst viel Haar,	*durch die Haare wuscheln;*
zwei Ohren, die sind auch noch da.	*an jedem Ohr ein wenig ziehen*
Und es ist ja kaum zu glauben,	*auf die Augen zeigen*
denn ich habe auch zwei Augen.	
Auch eine Nase und einen Mund	*die Nase und den Mund berühren;*
und einen Bauch, ganz kugelrund.	*mit der flachen Hand über den Bauch reiben*
Hab Hände, mit denen kann ich klatschen	*klatschen;*
oder auf die Beine patschen.	*auf die Oberschenkel „patschen"*
Und unten an den Beinen dran,	*die Füße zeigen bzw. bewegen*
da fangen meine Füße an.	
All das und noch viel, viel mehr	*Hand beschattet Augen*
ist an mir dran, sieh nur her.	
Das bin ich, und dies bist du,	*auf sich zeigen, dann auf sein Gegenüber;*
komm, wir winken uns mal zu.	*winken*

Mein Gesicht

Jedes (Papier-)Gesicht ist einzigartig …

Die Auswahl an Tonpapierfarben und Märchenwolle richtet sich nach dem Aussehen der Kindergruppe. Eventuell können Sie auch Wolle bereitlegen, falls Zöpfe gebunden werden müssen. Es bietet sich an, dass die Kleinen ihr Gesicht (gemeinsam mit einem Erwachsenen) im Spiegel betrachten, um zu sehen, wie das eigene Spiegelbild aussieht.

Das brauchen Sie für das Gesicht:

- Tonpapier (hautfarben, weiß, braun, blau, grün, rot)
- Märchenwolle (gelb, braun, rot, schwarz)
- Schere
- Klebstoff
- Locher

So gestalten die Kinder ihr (individuelles) Gesicht:

- Für den Kopf schneiden sie an einem bereitgelegten Tonpapier-Rechteck alle vier Ecken rund ab. Die Farbe des Tonpapiers orientiert sich an der Hautfarbe des Kindes.
- Für die Augen schneiden die Kinder zwei Stücke eines weißen Papierstreifens ab und kleben jeweils einen Locherpunkt in ihrer Augenfarbe hinein.
- Einen roten Papierkreis schneiden sie mittig durch und verwenden eine Hälfte als Mund.
- An einem Tonpapier-Quadrat schneiden die Kleinen alle vier Ecken rund ab und verwenden es als Nase. Die Farbe des Tonpapiers orientiert sich dabei wieder an der Hautfarbe des Kindes.
- Alle Einzelteile des Gesichtes setzen die Kleinen schließlich mit Klebstoff zusammen.
- Die Kinder schneiden einen Papierkreis mittig durch und verwenden beide Hälften als Ohren. ie Farbe hierbei orientiert sich ebenfalls an der Hautfarbe des Kindes.
- Als Haare eignet sich Märchenwolle. Entsprechend der eigenen Haarfarbe, wählen die Kinder die Märchenwolle aus und fixieren sie am Tonpapierkopf. Ist dieser mit Gesicht und Haaren soweit fertig, können sie zusätzlich noch Sommersprossen, Brille oder andere typische Eigenschaften ihres Äußeren anbringen.

Alle Köpfe

Melodie: traditionell; „Bruder Jakob" **Text:** Eva Danner

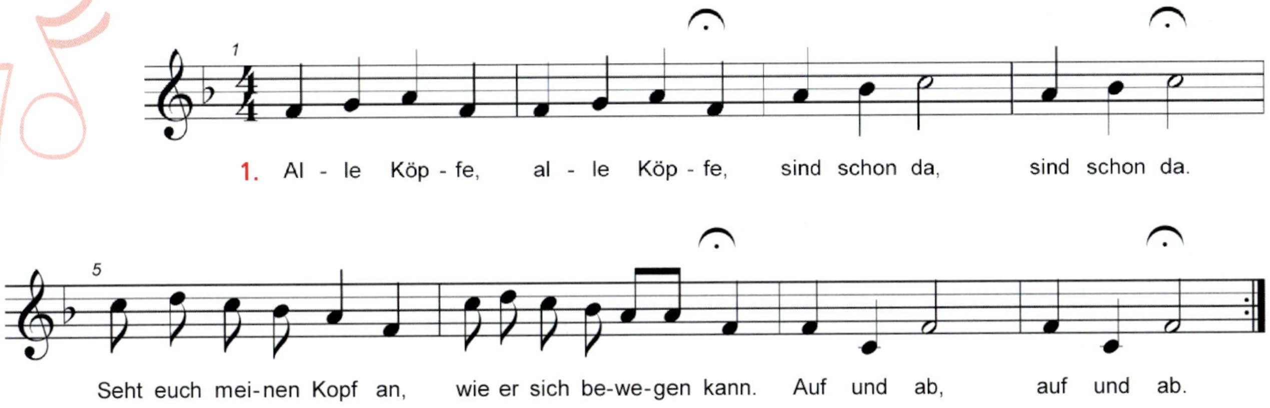

2.
Alle Ohren, alle Ohren
sind schon da, sind schon da.
Seht euch meine Ohren an,
mit denen ich gut hören kann.
La, la, la, – la, la, la.

3.
Alle Nasen, alle Nasen
sind schon da, sind schon da.
Seht euch meine Nase an,
mit der ich so gut riechen kann.
Dies und das, dies und das.

4.
Alle Beine, alle Beine
sind schon da, sind schon da.
Seht euch meine Beine an,
mit denen ich laut stampfen kann.
Rechts und links, rechts und links.

5.
Alle Hände, alle Hände
sind schon da, sind schon da.
Seht euch meine Hände an,
mit denen ich gut klatschen kann.
Kli-kla-klatsch, kli-kla-klatsch.

6.
Alle Popos, alle Popos
sind schon da, sind schon da.
Seht euch meinen Popo an,
mit dem ich so gut wackeln kann.
Wackel hin, wackel her.

7.
Alle Füße, alle Füße
sind schon da, sind schon da.
Seht euch meine Füße an,
mit denen ich schnell laufen kann.
Hin und her, hin und her.

8.
Alle Kinder, alle Kinder
sind schon da, sind schon da.
Seht euch mal die Kinder an,
jedes davon tanzen kann.
Rundherum, rundherum.

Kleine Massagegeschichte

Verse sprechen …	**… zum Massieren**
Viele kleine Finger streicheln dein Gesicht, und machst du deine Augen zu, dann siehst du sie nicht.	*mit den Fingern beider Hände vorsichtig über das Gesicht streichen*
Viele kleine Finger kitzeln dich am Ohr, kitzeln sie auch hinten rum, kommen wieder vor.	*mit den Fingern beide Ohren kitzeln; dann mit den Fingern hinterm Ohr von oben nach unten und über die Halsbeuge zurück aufs Gesicht „gehen"*
Viele kleine Finger stupsen deine Nas', rufen dir ganz freundlich zu: „Hallo, kleiner Has'!"	*auf die Nase stupsen*
Viele kleine Finger reiben deinen Bauch, mal links herum, mal rechts herum. Magst du das auch?	*mit der flachen Hand über den Bauch streichen*
Viele kleine Finger laufen übers Bein, laufen rauf und runter, keiner ist allein.	*mit den Fingern über die Beine auf und ab „gehen"*
Viele kleine Finger zwicken deinen Zeh, es ist ein kleines bisschen nur, tut doch gar nicht weh.	*vorsichtig in die Zehen zwicken*
Viele kleine Finger hüpfen auf die Hand, mal sachte wie ein Mäuschen, mal wie ein Elefant.	*unterschiedlich stark auf den Handrücken oder auf die Handinnenfläche „hüpfen"*
Viele kleine Finger springen über'n Arm, kuscheln sich an deinen Hals, denn da ist es warm.	*mit den Fingern am Arm entlang bis zum Hals „gehen"; dann die Handflächen seitlich an den Hals legen*
Viele kleine Finger krabbeln in deinem Haar, ich glaub, sie haben sich versteckt, schwupps, sind sie wieder da.	*mit den Fingern im Haar wuscheln; dann die Finger ruhig in den Haaren halten und sie zum Schluss den Kindern zeigen*

Bartoli y Eckert, Petra; Tsalos, Ellen:
KrippenKinderKniebuch. Klara kann das schon alleine! Mitmachgeschichten, die den Tag begleiten.
1–3 J. Verlag an der Ruhr, 2010.
ISBN 978-3-8346-0726-3

Bartoli y Eckert, Petra:
Kleine Kinder groß im Kommen.
So gestalten Sie die Betreuung Unter-3-jähriger in Ihrer Einrichtung erfolgreich. Organisations- und Praxishilfen für Kindergarten & Hort.
Praxisgestaltung in Kindergarten & Hort.
VNR-Verlag Deutsche Wirtschaft, 2009.

Breuer, Kati:
Spielend lernen. ALS Studio-Reihe Bd. 798.
Kinder unter 3. ALS-Verlag, 2009.

Charner, Kathy; Murphy, Maureen; Clark, Charlie:
100 Rituale für die Krippe. Orientierung und Sicherheit für den Tagesablauf mit den Kleinsten.
1–3 J. Verlag an der Ruhr, 2010.
ISBN 978-3-8346-0712-6

Charner, Kathy; Murphy, Maureen; Clark, Charlie:
155 5-Minuten-Spiele für die Krippe.
Zum Sprechen, Fühlen, Entdecken und Bewegen.
1–3 J. Verlag an der Ruhr, 2010.
ISBN 978-3-8346-0713-3

Danner, Eva; Vogel, Beate:
Bausteine Kindergarten. Ideen für die Kleinsten.
1–2 Projektthemen mit Liedern, Fingerspielen, Kreativangeboten, Sachbetrachtungen, Sinnesanregungen, Bewegungsimpulsen. Bergmoser + Höller Verlag AG, 2010. Nur im Abonnement erhältlich, 2 Ausg. im Jahr.

Danner, Eva; Vogel, Beate:
Mein allererstes Basteljahr.
Ab 2 J. Christophorus-Verlag, 2010.

Wagner, Yvonne:
Immer in Bewegung. ALS Studio-Reihe Bd. 804.
Kinder unter 3. ALS-Verlag, 2010.

Die Autorinnen:

Eva Danner schloss im Jahr 2000 ihre Ausbildung zur staatlich anerkannten Erzieherin ab. Sie konnte bereits in vielen verschiedenen Bereichen Erfahrungen sammeln und hat sich inzwischen auf den Bereich der Kleinkindpädagogik spezialisiert.

Beate Vogel ist verheiratet und Mutter von vier Kindern. Nach ihrer Ausbildung zur Erzieherin und einer kurzen Zeit der Berufstätigkeit schloss sich eine mehrjährige Familienpause an, in der sie sich ihren Kindern widmete.
In dieser Zeit sammelte sie auch Erfahrungen bei der Betreuung von Pflegekindern und der Leitung einer Krabbelgruppe.

Eva Danner und Beate Vogel arbeiten gemeinsam in einem Karlsruher Kindergarten mit Kindern unter 3 Jahren. Neben einer liebevollen Betreuung ist ihnen die Förderung der Kinder dieser Altersgruppe ein großes Anliegen. Zusammen publizieren sie eine Heftreihe für die Arbeit mit Kleinkindern unter dem Titel „Bausteine Kindergarten – Ideen für die Kleinsten" und diverse Kreativbücher.

Verlag an der Ruhr

Postfach 10 22 51
45422 Mülheim an der Ruhr
Telefon 030/89 785 235
Fax 030/89 785 578
bestellungen@cornelsen-schulverlage.de
www.verlagruhr.de

Es gelten die Preise auf unserer Internetseite.

Krippenarbeit live!

DVD, Buch und Arbeitsmaterialien zum Leben und Lernen mit Kindern unter 3

- **Film**
  DVD mit 70 Min. Spielzeit + 58 Min. Bonusmaterial
- **Grundlagenbuch**
  122 S., 16 x 23 cm, Paperback, farbig
- **Praxismaterial**
  66 S., 16 x 23 cm, Spiralbindung
  ISBN 978-3-8346-0599-3

Mit Krippenkindern durch das Jahr! Band 2

15 kleine Projekte für Kinder unter 3

Eva Danner, Beate Vogel

1-3 J., 96 S., A4, Paperback, farbig

ISBN 978-3-8346-2226-6

Spielbudenzauber

Sinnvolle Raumgestaltung in Kita und Krippe

Ute Bendt, Claudia Erler

118 S., A4, Paperback, farbig

ISBN 978-3-8346-0636-5

Mit Krippenkindern in Bewegung

Mitmachideen, Bewegungsspiele und Massagegeschichten für das ganze Jahr

Eva Danner

1-4 J., 68 S., A4, Paperback, farbig

ISBN 978-3-8346-0853-6

Guten Morgen, guten Morgen, wir winken uns zu!

Singezeilen für Babys und Krippenkinder

Antje Bostelmann (Hrsg.), Klax gGmbH

0-2 J., 74 S., A5 quer, Spiralbindung, farbig, mit Audio-CD

ISBN 978-3-8346-0604-4

Geschichtensäckchen

Material- und Spielanregungen für 1- bis 4-jährige Kinder

Antje Bostelmann (Hrsg.), Klax gGmbH

1-4 J., 97 S., A5 quer, Spiralbindung, farbig

ISBN 978-3-8346-0475-0

Schnurrbart einmal langgezogen, Ohren zweimal hochgebogen

Mitmach-Reimgeschichten für die Krippe

Gabriele Müller

1-4 J., 80 S., A5 quer, Spiralbindung, farbig

ISBN 978-3-8346-2365-2

Keiner darf zurückbleiben